KB067896

Dr. LEE의
오류와 편향을
넘어선 논증

Dr. LEE의
오류와 **편향**을 넘어선 **논증**

초판 인쇄 2021년 11월 25일
초판 발행 2021년 11월 30일

지은이 이상혁
교 정 설혜원
발행인 권윤삼
발행처 (주)연암사

등록번호 제2002-000484호
주 소 서울시 마포구 월드컵로165-4
전 화 02-3142-7594
팩 스 02-3142-9784

ISBN 979-11-5558-100-1 03170

값은 뒤표지에 있습니다. 잘못된 책은 바꿔드립니다.

연암사의 책은 독자가 만듭니다. 독자 여러분들의 소중한 의견을 기다립니다.
트위터 @yeonamsa
이메일 yeonamsa@gmail.com

이 도서는 한국출판문화산업진흥원의 '2021년 출판콘텐츠 창작 지원 사업'의 일환으로
국민체육진흥기금을 지원받아 제작되었습니다.

의사소통능력의 핵심은 논리적 증명이다!

Dr. LEE의
오류와
편향을
넘어선 논증

— 이상혁 지음

연암사

사랑하는 딸 지수와 아내 혜원에게
이 책을 바칩니다.

Dedicated to
My Lovely Daughter Jisoo & Wife Hewon

글과 말로 논리적 증명을 시도할 때면,
왜 항상 답답함과 어려움을 겪는 것일까?
나름 최선을 다해 좋아 보이는 선택과 결정을 했음에도 불구하고,
왜 항상 뒤늦은 후회와 아쉬움이 남는 것일까?

들어가며

새로운 변화는 늘 그 변화로 인해 손해를 보는 사람과 이익을 보는 사람을 만들어 낸다. 미래학자 앨빈 토플러Alvin Toffler의 설명과 같이, 제1의 물결인 농업혁명 이후 '토지'를 가진 자가, 제2의 물결인 산업혁명 이후 '자본'을 가진 자가, 그리고 제3의 물결인 정보혁명 이후 '정보'를 가진 자가 각각 새로운 세상의 정치적 권력과 경제적 부를 차지했던 것이 인류의 역사이다. 지금까지 인류의 교육은 이러한 세상의 변화에 발맞추어 여러 차례 진화했다. 예컨대, 대한민국의 교육은 지금까지 더 많은 그리고 더 좋은 정보를 학생들에게 가르치는 것에 초점을 두었다. '개인의 능력 = 콘텐츠 × 의사소통능력'이라는 관점에서 보면, 양질의 '콘텐츠'를 가르침으로써 개인의 능력을 향상시키려는 정책은 일견 타당했다.

그러나 인공지능의 등장으로 '콘텐츠' 중심의 교육은 이제 더 이상 의미가 없다. 특정 분야의 전문지식, 암기, 루틴, 패턴, 반복 등의 표현으로 설명될 수 있는 'What?'을 가르치는 '콘텐츠' 중심의 교육을 받은 사람들의 역할은 이제 곧 인공지능AI에 의해 대체될 것이다. 예컨대, 바둑의 고수들이 두었던 기보를 아무리 열심히 보아도 더 많은 양의 기보를 저장하고 분석한 구글 딥마인드의 인공지능 알파고AlphaGo를 이길 수는 없다. 아무리 많은 암 환자의 진단 차트를 열심히 본 의사라 할지라도 더 많은 양의 암 진단 차트를 저장하고 분석한 IBM의 인공지능 왓슨Watson과의 경쟁에서 이길 수는 없다. 결국 양질의 정보 확보 및 정보의 단순 활용이라는 측면에서는 이제 더 이상 인간이 인공지능과 경쟁할 수 없다.

그렇다면 과연 미래 인공지능 시대의 교육 내용은 어떻게 변해야 할까? 과연 인공지능 시대 교육혁명의 본질은 무엇일까? 이 질문에 대한 필자의 답변은 '4Cs' 교육으로의 전환이다. 4Cs란 알파벳 'C'로 시작하는 4가지 즉, '비판적 사고', '의사소통능력', '협업능력', '창의성'을 말한다. 동일하게 'C'로 시작하는 '콘텐츠'는 당연히 여기에 포함되지 않는다.[1] 지금까지 너무나도 중요하다고 믿어왔던 'What?'이라는 질문에 초점을 둔 '콘텐츠'와 달리, 이들 '4Cs'는 'Why?', 'How?', 'What If?' 등 전혀 다른 유형의 질문에

---

1. '비판적 사고', '의사소통능력', '협업능력', '창의성', '콘텐츠'는 각각 'Critical Thinking', 'Communication', 'Collaboration', 'Creativity', 'Contents'를 번역한 표현이다.

초점을 두고 있다. '개인의 능력 = 콘텐츠 × 의사소통능력'이라는 관점에서 보면, 4Cs는 모두 넓은 의미의 '의사소통능력'에 포함되는 것들이다.

의사소통능력의 핵심은 논리적 증명이다. 논증Reasoning의 본질은 논리 혹은 이성과 합리성에 따라 생각하는 것이다. 우선, 논리적 증명이 구체적 언어로 표현되면 논리적 글쓰기와 논리적 말하기가 된다. 그런데 글과 말로 논리적 증명을 시도할 때면, 왜 항상 답답함과 어려움을 겪는 것일까? 연인의 마음을 얻기 위한 편지와 대화, 좋은 점수를 받기 위한 주관식 답안과 수업 시간의 발표, 대학 및 대학원 입시를 위한 자기소개서와 논술·면접시험, 채용담당자에게 선택되기 위한 입사지원서와 면접시험, 책임을 줄이기 위한 사유서와 탄원서, 투자 유치를 위한 사업계획서와 프리젠테이션, 학위 취득을 위한 논문과 발표, 사랑하는 자녀를 올바른 방향으로 인도하기 위한 대화가 왜 이렇게 어려운 걸까?

한편, 논리적 증명이 구체적 행동으로 표현되면 합리적 선택과 합리적 의사결정이 된다. 그런데 나름 최선을 다해 가장 유리하고 좋아 보이는 선택과 결정을 했음에도 불구하고, 왜 항상 뒤늦은 후회와 아쉬움이 남는 것일까? 내일 아침 시험이 있는데도 재미있게 즐기고 있는 비디오 게임, 고민 끝에 선택한 학교와 전공, 부푼 꿈을 안고 선택한 직장과 직업, 첫눈에 반해 선택한 남친과 여친, 눈에 콩깍지가 씌여 결혼을 결정한 아내와 남편, 30% 세일 표시에 흥분해서 구매한 명품 가방과 구두, 공부 잘하는 옆집 아이의 성적표를 보고 괜히 미워지는 딸과 아들, 살 빼야지 하면서도 끊지 못하는 라면과 햄버거, 대박 열풍에 영끌해서 구매한 아파트와 주식 등과 관련해서 왜 항상 뒤늦은 후회를 하는 걸까?

이와 같은 답답함과 어려움 그리고 후회와 아쉬움을 경험하는 근본적인 이유는 논리적 오류Logical Fallacy와 인지적 편향Cognitive Bias을 극복하지 못한 채 이성과 합리성에 따라 생각하는 논리적 증명에 실패하기 때문이다. 이 책의 목적은 '논리적 오류'와 '인지적 편향'을 넘어 '논리적 증명'을 실천하는 구체적인 방법을 설명하는 것이다. 제1장에서는 논리, 논증, 설득, 연역, 귀납, 귀추 등 논리적 증명의 기초를 설명한다. 제2장과 제3장에서는 장차 극복해야 할 논리적 오류와 인지적 편향의 대표적 유형을 다양하고 구체적인 예시를 통해 설명한다. 제4장에서는 주관적 '의견'과 객관적 '사실', 논증성·연관성·균형성 평가, 주관성·일관성·정확성·독창성·간결성, 논리적 글쓰기·말하기를 중심으로 논리적 증명의 본질을 설명한다.

이 책은 '자유의 확산'이라는 목표를 위해 필자가 설립한 연구공간 자유의 세 번째 연구결과물이다. 주관적 '의견'과 객관적 '사실'에 대한 명확한 구분을 전제로 논증성·연관성·균형성 평가에서 출발하여 주관성·일관성·정확성·독창성·간결성에 대한 추가적 검증을 통해 완성되는 논리적 증명의 능력은 결국 논리적 글쓰기와 논리적 말하기라는 구체적인 방법을 통해 외부로 드러난다. 이러한 측면에서 이미 출간된 필자의 졸저 『Dr. LEE의 논리적 글쓰기』와 『Dr. LEE의 똑똑영어』도 함께 읽어 보길 권고한다. 독자 여러분 모두가 이 책을 통해 얻게 될 훌륭한 '논리적 증명' 능력을 기반으로 '보다 나은 세상'을 만드는 데 조금이라도 기여하는 21세기의 진정한 자유인이 될 수 있길 진심으로 기원한다.

2021년 10월 연구공간 자유에서
(www.TheInstituteForLiberty.com)

이 상 혁

답답함과 어려움 그리고 후회와 아쉬움을 경험하는
근본적인 이유는
논리적 오류와 인지적 편향을 극복하지 못한 채
이성과 합리성에 따라 생각하는
논리적 증명에 실패하기 때문이다.

일러두기

책을 쓸 때마다 필자가 겪는 딜레마 중 하나는 한국어와 영어의 표기 문제이다. 독자의 입장에서 가독성을 높이려면 가급적 한국어로 표기하는 것이 바람직하다. 다만, 필자의 입장에서 의미전달의 정확성을 높이기 위해 영어로 표기해야 하는 경우가 있다. 예컨대, 한국어 '논리'를 생각해 보자. 이것은 한자어 '論理'를 한국어로 표기한 것이다. 이 한자어도 사실은 영어 'Logic'을 번역한 것이다. 좀더 거슬러 올라가면 영어 'Logic'도 라틴어 '*logos*'에서 온 것이다. 한국어에 더해 최소한 영어의 개념만이라도 밝혀야 비로소 의미전달이 가능한 경우도 적지 않다. 분명한 것은 다양한 언어의 관점에서 접근하면 어렵고 복잡한 개념을 좀더 정확하고 명확하게, 그리고 간결하게 전달할 수 있다는 사실이다.

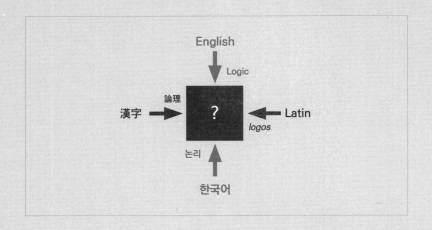

따라서, 필자는 다음과 같은 원칙에 따라 이 책을 집필했다. 의미전달의 정확성을 위한 최선의 선택이니 영어가 다소 불편하게 느껴지는 독자들의 너그러운 양해를 부탁드린다.

1. 본문은 한국어 표기를 원칙으로 한다. 최대한 가독성을 높이기 위함이다. 다만, 의미전달의 정확성이 무너지는 경우 한국어와 함께 영어, 한자, 라틴어 등을 병기한다.

2. 예시는 영어 표기를 원칙으로 한다. 예시 관련 구체적 맥락과 상세한 내용이 본문에서 한국어로 설명되어 있으니, 큰 어려움 없이 충분히 이해할 수 있을 것이다.

3. 도표와 그림은 영어 표기를 원칙으로 한다. 본문에서 한국어로 자세하게 설명된 어렵고 복잡한 개념을 보다 정확하고 명확하게, 그리고 간결하게 전달하기 위함이다.

4. 각주는 한국어와 영어의 병행 표기를 원칙으로 한다. 기본적으로 *MLA Handbook* (2016)과 *The Bluebook* (2015)

의 방식을 따르되, 한국어 출처의 경우 일부 변형한다.

5. 주요 용어의 경우 한국어와 영어의 병행 표기를 원칙으로 한다. 이 책의 주제와 관련한 중요한 개념을 별도로 정리하여 책의 끝 부분에 "주요 용어"를 첨부한다.

목차 Table of Contents

제 **1** 장

논리적 증명의
기초

1.01.

논리, 논증, 그리고 설득

논리란 무엇인가? 이 질문에 대한 정확한 답변을 찾기 위해서는 먼저 영어를 모국어로 사용하는 사람들과 한국어를 모국어로 사용하는 사람들 간의 문화적·역사적 차이에 대한 이해가 필요하다. 한국어를 모국어로 사용하는 우리는 지난 수천 년간 유교문화의 영향을 받아 왔다. 혹시 '사서삼경四書三經'이라는 표현을 들어 보았는가? 유교에서 꿈꾸는 이상적 인간을 양성하기 위해 가르쳤던 맹자, 논어, 중용, 대학이라는 4가지 책과 시경, 서경, 역경이라는 3가지 경전을 일컫는 말이다.[2] 아마 여러분 중 사서삼경을 직접 읽고 공부해 본 사람은 거의 없을 것이다. 그럼에도 불구하고 사서삼경이 전

---

2. 사서삼경에 춘추와 예기를 더해 '사서오경'이라고 한다.

하고자 하는 중요한 '가치'가 여러분의 무의식과 문화유전자 속에 깊이 새겨져 있음을 부정할 수는 없다.[3]

이에 반해, 영어를 모국어로 사용하는 사람들은 지난 수천 년간 그리스·로마의 전통과 기독교문화의 영향을 받아 왔다.[4] 당연히 이러한 전통과 문화에서 소중하게 여겨졌던 '가치'가 영어를 모국어로 사용하는 사람들의 무의식과 문화유전자 속에 깊이 새겨져 있다. 혹시 'Trivium'이라는 라틴어를 들어본 적이 있는가? '3'이라는 뜻의 'tri'와 '길'이라는 뜻의 'via'의 합성어인 'Trivium'은 원래 '3가지 길이 만나는 장소'라는 의미이다.[5] 지난 수천 년 동안 서양 사회에서는 이상적 인간을 양성하기 위한 7가지 기본과목 즉, '인간을 (모든 속박과 억압으로부터) 자유롭게 해주는 7가지 기술'을 가르쳤다. 이들 7가지 과목 중 가장 기초가 되는 3가지 과목 즉, 'Trivium'이 문법, 논리, 수사학이다.[6]

한국어 '논리'의 사전적 의미는 "말이나 글에서 사고나 추리 따

---

3. 예컨대, 여러분이 지하철을 탔는데 20대 초반의 청년 3명이 자리에 앉아 시끄럽게 떠들고 있고, 그 앞에 무거운 짐을 든 80대 노인이 지친 모습으로 서 있다고 상상해 보라. 대부분의 한국 사람들은 이 상황에서 뭔가 '불편함'을 느낄 것이다. 왜 그럴까? 사서삼경이 전하고자 하는 중요한 가치 중 하나가 '효(孝)'이다. 자신의 부모에 대한 공경을 넘어 사회 전체 어른에 대한 공경으로 확대된 것이 바로 유교적 관념의 '효'이다. 비록 사서삼경을 읽은 적이 없다고 할지라도 여러분의 무의식과 문화유전자 속에 새겨진 '효'라는 가치를 기준으로 판단했을 때 위 상황이 '불편함'으로 판단되었던 것이다. 이상혁, 『Dr. LEE의 똑똑영어: 똑바로 이해하고 똑바로 실천하는 영어 공부』 (서울: 연암사, 2021), pp. 79-80 참고.

4. '그리스·로마의 전통'과 '기독교문화'는 서양 문명의 2가지 기둥이다. 라임을 맞추어 전자를 'Hellenism' 그리고 후자를 'Hebraism'이라고 표현한다.

5. The term 'Trivium' refers to "place where three roads meet" and "first group of seven liberal arts, grammar, rhetoric and logic". Latin-English Dictionary. 즉, 상위의 '4가지 과목'(연산, 기하학, 천문학, 음악)으로 안내해 주는 길 혹은 기초과목이라는 의미로 사용되었다.

6. See "Trivium", Wikipedia.

논리 **Logic** 論理

logos "God"

"Reason, Rationality ... "

"deus logos est"

God is *Logos*.

Thomas Aquinas

위를 이치에 맞게 이끌어 가는 과정이나 원리"이다.[7] 이것은 영어 'Logic'을 한자어로 번역한 '論理'의 한자적 의미를 살려 풀이한 것이다. 한편, 영어 'Logic'의 사전적 의미는 '<u>이성</u>의 사용, 혹은 <u>이성</u>을 사용하는 과학'이다.[8] 영어 'Logic'의 어원은 '이성, 생각, 말씀' 등의 뜻으로 사용되는 고대 그리스어 'λόγος' 및 라틴어 '*logos*'이다. 신약성경 『요한복음』의 "태초에 <u>말씀</u>이 계셨다. 그 <u>말씀</u>은 하나님과 함께 계셨다. 그 <u>말씀</u>은 하나님이셨다."[9]라는 구절의 '말씀'이 '*logos*'이다. 이러한 측면에서 13세기 중세 유럽의 최고 지성으로 평가 받았던 철학자 토마스 아퀴나스Thomas Aquinas는 "하나님은 이

---

7. 국립국어원 표준국어대사전.

8. The term 'Logic' refers to "the use of <u>reason</u>, or the science of using <u>reason</u>" (Underline Added). Cambridge Dictionary.

9. (밑줄 추가) 신약성경 『요한복음』 제1장1절.

논증 논리적 증명 論證
Reasoning
reason + ing 논리적 사고
이성, 이유 합리적 선택

"logical thinking, rational choice ... "

성이다."라는 유명한 말을 남겼다.

이렇듯 논리는 그리스·로마의 전통과 기독교문화에 기반한 서양 문명에서 가장 중요한 가치 중 하나이다. 문화적·역사적 측면에서 논리는 이성, 합리성, 심지어 하나님과도 그 의미가 맞닿는 '서양 사람들의 정신세계를 지난 수천 년간 지탱해 준 기초 개념'이다. 한편, 의사소통을 목적으로 하는 언어학습이라는 측면에서 논리는 '수용가능성' 혹은 '동의가능성'을 의미한다. 즉, '이성'과 '합리성'의 관점에서 수용할 수 있거나 동의할 수 있는 것이 곧 논리적인 것이다.[10] 따라서 문장Sentence의 차원을 넘어 '문단Paragraph'과 '단락Passage'의 차원에서 듣기, 읽기, 말하기, 글쓰기 형식의 의사소통을 올바르게 하기 위해서는 반드시 '문장과 문장의 관계' 그리고 '문단과 문단의 관계'가 논리적인지 여부를 꼼꼼하게 평가해야 한다.[11]

그렇다면 논증이란 무엇인가? '논하다, 말하다'를 뜻하는 한자

---

10. 논리의 개념을 아주 쉽게 정의하면 '이성 혹은 합리성이라는 관점에서의 수용가능성 혹은 동의가능성'이다.

11. 이상혁, 『Dr. LEE의 논리적 글쓰기』 (서울: 연암사, 2021), pp. 123–140 참고.

어 '論'과 '증거, 증명'을 뜻하는 한자어 '證'의 합성어인 한국어 '논
증'의 사전적 의미는 "옳고 그름을 이유를 들어 밝힘 또는 그 근거나
이유"이다.[12] 한편, '이성, 이유'를 뜻하는 영어 'Reason'과 '행위, 행
동'을 뜻하는 영어 'ing'의 합성어인 'Reasoning'의 사전적 의미는
'무엇인가에 대해 논리적으로 생각하는 행동'이다.[13] 결국, 논증이란
문자 그대로 '논리적으로 증명하기' 즉, '이성Reason을 사용하여 생
각하기' 혹은 '왜냐하면 ……이라는 이유Reason 말하기'를 뜻한다. 논
증, 논리적 증명, 논리적 사고, 논리적 의사결정, 합리적 의사결정,
합리적 선택 등은 그 본질상 동일한 의미를 전달하는 서로 다른 표
현이다.

　　그렇다면 과연 설득이란 무엇일까? 한자어 '말씀 설說'과 '얻을
득得'을 어원으로 하는 한국어 '설득'의 사전적 의미는 "상대편이 이

---

12. 국립국어원 표준국어대사전.

13. The term 'Reasoning' refers to "the action of thinking about something in a logical way" (Underline Added). Oxford Learner's Dictionaries.

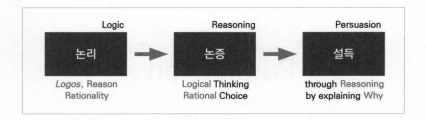

쪽 편의 이야기를 따르도록 여러 가지로 깨우쳐 말함"[14]이다. 좀더 한자어의 뜻을 살려서 풀이하면, '말로써 (원하는 것을) 얻는 것'이다. Persuasion의 동사인 'Persuade'는 "특별히 왜 그렇게 해야 하는지를 설명함으로써, 누군가에게 무엇인가를 하도록 또는 믿도록 하기" 혹은 "논증을 통해 누군가에게 무엇인가를 하도록 하기"라고 정의된다.[15] 한국어 '설득'의 정의와 달리, '왜Why?'라는 이유 설명 혹은 '논증Reasoning'이라는 보다 구체적인 방법론이 포함되어 있다는 점에 특히 주목해야 한다. 결국 이성과 합리성에 호소하는 논리에 근거하여 증명하는 것이 설득이다.

물론, 논리적 증명 즉, 논증이 설득의 전부는 아니다. 예컨대, 고대 그리스의 철학자 아리스토텔레스는 『수사학』[16]이라는 책을 통해, 설득을 위한 기술적 방법 3가지를 다음과 같이 제시했다. 첫째,

---

14. 국립국어원 표준국어대사전.

15. The term 'Persuade' refers to "to cause people to do or believe something, esp. by explaining why they should" (Cambridge Dictionary) or "to cause someone to do something through reasoning" (English Oxford Living Dictionaries) (Underline added).

16. See Aristotle, *Rhetoric* (350 B.C.E), translated by W. Rhys Roberts, http://classics.mit.edu/Aristotle/rhetoric.html, accessed October 2021.

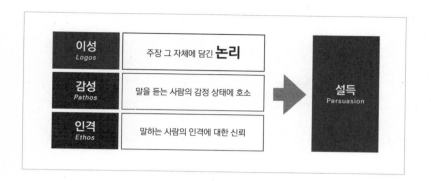

'이성' 즉, '주장 그 자체에 담긴 논리'로 설득하는 방법이다. 둘째, '감성' 즉, '말을 듣는 사람의 감정 상태에 호소'함으로써 설득하는 방법이다. 셋째, '인격' 즉, '말하는 사람의 인격에 대한 신뢰'를 기반으로 설득하는 방법이다.[17] 다만, 이 3가지 방법 중 가장 중요하고 기초가 되는 것이 논리에 근거하여 증명하는 첫 번째 방법임을 부정할 수는 없다. 이에 논리적 오류와 인지적 편향을 극복한 보다 올바른 논리적 증명에 초점을 두어, 이 책의 제목을 『Dr. LEE의 오류와 편향을 넘어선 논증』으로 정했다.

---

17. 예컨대, 필자가 여러분으로 하여금 무료급식소에 10만원을 기부하도록 설득해야 한다고 가정해 보자. 첫째, 10만원의 기부가 빈부격차 해소에 어떻게 도움이 되는지 그리고 기부금 중 일부를 연말 소득공제를 통해 어떻게 환급받을 수 있는지 논리적으로 설명함으로써 설득할 수 있다. 둘째, 매일 무료급식소를 방문하시는 87세 이○○ 할아버지의 사진과 그분의 가난한 형편에 대한 구체적 묘사를 통해 여러분의 따뜻한 마음 즉, 감성에 호소함으로써 설득할 수 있다. 셋째, 만약 필자가 성철 스님, 김수환 추기경님, 한경직 목사님 등과 같이 평생 남을 위해 봉사하며 청빈한 삶을 살아온 사람이라면 그러한 고매한 인격에 대한 신뢰를 기반으로 설득할 수 있다.

논증이란
문자 그대로 '논리적으로 증명하기'
즉, '이성을 사용하여 생각하기'
혹은 '왜냐하면 ……이라는 이유 말하기'를 뜻한다.

연역적 논증

논리학에서 다루는 논리적 증명 즉, 논증은 크게 다음 3가지 유형으로 분류될 수 있다. 첫째, 일반적 규칙으로부터 구체적 결론에 도달하는 연역적 논증이 있다.[18] 연역적 논증의 결과로 나온 구체적 결론은 항상 참이다. 둘째, 구체적 관찰로부터 일반적 결론에 도달하는 귀납적 논증이 있다.[19] 귀납적 논증의 결과로 나온 결론은 참일 수 있다. 즉, 항상 참인 연역적 논증의 결론과는 달리 귀납적 논증의 결론은 경우에 따라 거짓일 수도 있다. 셋째, 불충분한 관찰로부터 그럴듯한 결론에 도달하는 귀추적 논증이 있다. 귀추적 논증의 결과로 나온 그럴듯한 결론은 참일 수 있다. 즉, 귀추적 논증의 결

---

18. '연역'과 '연역적 논증'은 각각 'Deduction'과 'Deductive Reasoning'을 번역한 표현이다.

19. '귀납'과 '귀납적 논증'은 각각 'Induction'과 'Inductive Reasoning'을 번역한 표현이다.

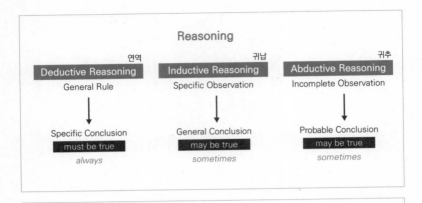

론은 불충분한 관찰에 근거한 최선의 예측일 뿐 경우에 따라 거짓일 수도 있다.[20]

연역적 논증의 대표적인 사례는 고대 그리스의 철학자 아리스 토텔레스가 제시한 삼단논법이다. '추론[21], 결론'을 의미하는 라틴어 'syllogismos'와 그리스어 'συλλογισμός'에 그 어원을 둔 영어

---

20. '귀추'와 '귀추적 논증'은 각각 'Abduction'과 'Abductive Reasoning'을 번역한 표현이다.

21. '추론'은 'Inference'를 번역한 표현이다. 한자어 '推論'을 한국어로 표기한 '추론'의 사전적 의미는 "미루어 생각하여 논함"인데, 논리 혹은 논리학의 측면에서 아쉬움이 매우 큰 개념정의이다. 국립국어원 표준국어대사전. 한편, 영어 'Inference'의 사전적 의미는 "증거와 논증에 근거하여 도달한 결론"(a conclusion reached on the basis of evidence and reasoning)이다. (Underline Added) Google Dictionary.

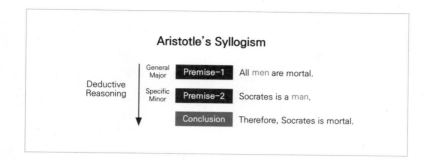

'Syllogism'[22]을 한자어 '三段論法'이라고 번역하고 이것을 한국어 '삼단논법'으로 표기한 것이다. 일반적 진술인 전제-1과 전제-2를 거쳐 구체적 결론[23]에 도달한다는 의미 즉, '전제-1, 전제-2, 결론이 라는 3가지 단계를 거쳐 말하는 방법'이라는 뜻으로 '삼단논법'이라 는 용어를 사용하여 영어 'Syllogism'을 번역한 것이다. 이때 상대적 으로 좀더 일반적인 진술인 전제-1을 대전제 혹은 일반적 전제라고, 그리고 상대적으로 조금 덜 일반적인 진술인 전제-2를 소전제 혹은 구체적 전제라고 표현하기도 한다.[24]

예컨대, "모든 사람은 언제가는 죽을 운명이다."라는 일반적 규 칙을 담고 있는 문장이 있다. 모든 사람에게 적용되는 이러한 일반 적 진술이 바로 전제-1 즉, 대전제이다. 전제-1은 참이다. 다음으로,

---

22. The term 'Syllogism' refers to "a process of logic in which two <u>general</u> statements lead to a more <u>particular</u> statement" (Underline Added). Cambridge Dictionary.

23. '전제'와 '결론'은 각각 'Premise'와 'Conclusion'을 번역한 표현이다.

24. '대전제'는 'Major Premise' 혹은 'General Premise'를 그리고 '소전제'는 'Minor Premise' 혹은 'Specific Premise'를 각각 번역한 표현이다. See "Syllogism", Wikipedia.

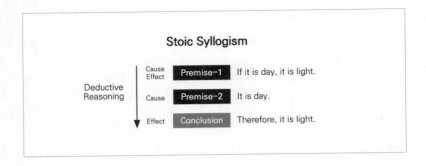

전제-1에 비해서는 좀더 구체화된 "소크라테스는 사람이다."라는 문장이 있다. 이 문장이 바로 전제-2 즉, 소전제이다. 전제-2 또한 참이다. 이러한 2가지 참인 전제에 근거하여 "따라서, 소크라테스는 언젠가는 죽을 운명이다."라는 언제나 참인 결론에 도달할 수 있다. 즉, '모든 사람'에게 적용되는 일반적 규칙이 소크라테스라는 '구체적인 한 사람'에게 동일하게 적용될 수 있다는 것이다. 이렇듯 일반적 규칙으로부터 구체적 결론에 도달하는 것이 아리스토텔레스가 제시한 연역적 논증의 핵심이다.

한편, 금욕주의로 유명한 고대 그리스 스토아 철학자들이 제시한 삼단논법도 있다. 소위 '스토아 삼단논법' 혹은 '스토아 논리'를 체계화한 인물은 기원전 3세기 경 스토아 학파의 제3대 수장이었던 크리시포스였다.[25] 아리스토텔레스가 제시한 '일반과 구체'라는 특징과 달리, 크리시포스는 '원인과 결과'와 관련된 전제를 제시했

---

25. See "Chrysippus", Wikipedia.

5 Basic Argument Forms

#	Name	Description	Example
1	*Modus Ponens* 긍정논법	If P, then Q. P. Therefore, Q.	If it is day, it is light. It is day. Therefore, it is light.
2	*Modus Tollens* 부정논법	If P, then Q. Not Q. Therefore, not P.	If it is day, it is light. It is not light. Therefore, it is not day.
3	Conjunctive Syllogism 결합 삼단논법	Not both P and Q. P. Therefore, not Q.	It is not both day and night. It is day. Therefore, it is not night.
4	*Modus Tollendo Ponens* 부정긍정논법	Either P or Q. Not P. Therefore, Q.	It is either day or night. It is not day. Therefore, it is night.
5	*Modus Ponendo Tollens* 긍정부정논법	Either P or Q. P. Therefore, not Q.	It is either day or night. It is day. Therefore, it is not night.

다. 예컨대, "만약 낮이라면, 밝다."라는 전제-1 즉, 대전제가 있다. 전제-1은 참이다. 이때 전제-1의 조건문 "만약 낮이라면"은 하나의 '원인'이고, "밝다"는 그러한 원인으로 인해 벌어진 '결과'이다. 다음으로, "(지금) 낮이다."라는 전제-2 즉, 소전제가 있다. 물론 전제-2는 참이다. 이러한 2가지 참인 전제에 근거하여 "따라서, (지금) 밝다."라는 (언제나) 참인 결론에 도달할 수 있다.

크리시포스는 논쟁의 여지 없이 언제나 참인 5가지 기본 주장의 형식을 위의 표와 같이 제시했다. 첫째, "만약 P이면 Q이다."와 "P이다."를 전제로, "따라서, Q이다."라는 언제나 참인 결론에 도달할 수 있다. 둘째, "만약 P이면 Q이다."와 "Q가 아니다."를 전제로,

"따라서, P가 아니다."라는 언제나 참인 결론에 도달할 수 있다.[26] 셋째, "P와 Q 둘 다는 아니다."와 "P이다."를 전제로, "따라서, Q가 아니다."라는 언제나 참인 결론에 도달할 수 있다.[27] 넷째, "P이거나 혹은 Q이다."와 "P가 아니다."를 전제로, "따라서, Q이다."라는 언제나 참인 결론에 도달할 수 있다.[28] 다섯째, "P이거나 혹은 Q이다."와 "P이다."를 전제로, "따라서, Q가 아니다."라는 언제나 참인 결론에 도달할 수 있다.[29]

---

26. 예컨대, "만약 낮이라면, 밝다."와 "밝지 않다."를 전제로 "따라서, 낮이 아니다."라는 언제나 참인 결론에 도달한다.

27. 예컨대, "낮과 밤 둘 다는 아니다."와 "낮이다."를 전제로 "따라서, 밤이 아니다."라는 언제나 참인 결론에 도달한다.

28. 예컨대, "낮이거나 혹은 밤이다."와 "낮이 아니다."를 전제로 "따라서, 밤이다."라는 언제나 참인 결론에 도달한다.

29. 예컨대, "낮이거나 혹은 밤이다."와 "낮이다."를 전제로 "따라서, 밤이 아니다."라는 언제나 참인 결론에 도달한다.

귀납적 논증

귀납적 논증의 가장 중요한 특징은 비록 전제가 참이라고 할지라도 그러한 전제로부터 연역된 결론은 그저 참일 '가능성'이 있을 뿐이라는 것이다. 즉, 귀납적 논증의 결론은 참일 수도 있지만 경우에 따라 거짓일 수도 있다. 이러한 측면에서 귀납적 논증은 전제가 참일 경우 언제나 결론이 참인 연역적 논증과 확연하게 구별된다. "일반적 법칙으로부터 특정한 상황을 추론하는" 연역적이라는 뜻의 영어 'Deductive'와는 달리[30], '귀납적'이라는 뜻의 영어 'Inductive'의 의미는 "특정한 상황으로부터 일반적 법칙을 추론하는" 혹은 "일반적 원칙을 형성하기 위해 특정한 사실 혹은 생각을 활

---

30. The term 'Deductive' refers to "characterized by or based on the inference of particular instances from a general law" (Underline Added). Google Dictionary.

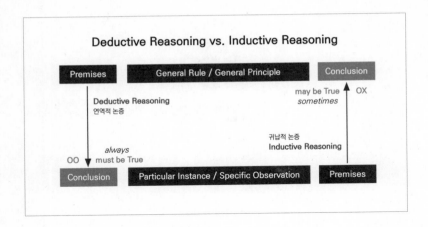

Deductive Reasoning vs. Inductive Reasoning

Premises — General Rule / General Principle — Conclusion

Deductive Reasoning
연역적 논증

may be True
sometimes — OX

always
OO — must be True

귀납적 논증
Inductive Reasoning

Conclusion — Particular Instance / Specific Observation — Premises

용하는"이다.[31] 즉, 구체적 관찰로부터 일반적 결론에 도달하는 것이 귀납적 논증의 핵심이다.

귀납적 논증의 대표적인 유형은 다음과 같다. 첫째, 표본에 관한 전제를 기반으로 모집단[32]에 대한 결론에 도달하는 '일반화 연역적 논증' 혹은 '연역적 일반화'[33]이다. 예컨대, 전체 유권자 4,400만 명의 모집단 중 1,000명의 표본을 뽑아 여론조사를 실시한 결과 차기 대통령 후보자 A, B, C에 대한 지지도가 각각 45%, 25%, 10% 그리고 무응답이 20%였다. 이 결과를 전제로 대통령 선거에서 후보자 A가 당선될 것이라는 결론에 도달하는 것이 귀납적 일반화이다. 이

---

31. The term 'Inductive' refers to "characterized by the inference of general laws from particular instances" (Cambridge Dictionary) or "using a particular set of facts or ideas to form a general principle" (English Oxford Living Dictionaries) (Underline Added).

32. '표본'과 '모집단'은 각각 'Sample'과 'Population'을 번역한 표현이다.

33. '일반화 귀납적 논증'과 '귀납적 일반화'는 각각 'Generalized Inductive Reasoning'과 'Inductive Generalization'을 번역한 표현이다.

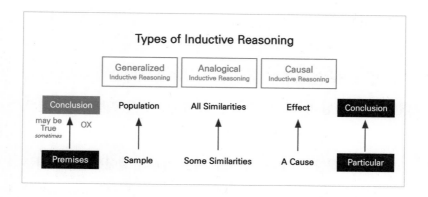

러한 결론은 참일 가능성이 있다. 물론 통계적으로는 표본과 모집단의 수가 클수록 그리고 표본의 대표성이 높을수록 결론이 참일 가능성은 커진다. 다만, 경우에 따라 '성급한 일반화의 오류'[34]라는 비난을 받을 수도 있다.

둘째, 몇몇 유사한 특징을 공유하고 있다는 사실을 전제로 다른 모든 특징들도 또한 비슷할 것이라는 결론에 도달하는 '비유 귀납적 논증' 혹은 '귀납적 비유'[35]이다. 비유의 사전적 의미는 "유사한 특징을 가지고 있는 것들 간의 비교로서, 종종 어떤 원칙 혹은 생각을 설명하기 위해 사용하는 것"이다.[36] 예컨대, 색깔과 모양의 유사한 특징을 근거로 하늘에 떠 있는 뭉게구름을 솜사탕에 비유할 수

---

34. '성급한 일반화의 오류'는 'Fallacy of Hasty Generalization'을 번역한 표현이다. 자세한 내용은 "2.02. 성급한 일반화의 오류" 참고.

35. '비유 귀납적 논증'과 '귀납적 비유'는 각각 'Analogical Inductive Reasoning'과 'Inductive Analogy'를 번역한 표현이다.

36. The term 'Analogy' refers to "a comparison between things that have <u>similar features</u>, often used to help explain a principle or idea" (Underline Added). Cambridge Dictionary.

있다. 한편, 색깔과 모양이 설탕과 유사한 새로운 물질 D가 발명되었다고 가정해 보자. 색깔과 모양의 유사성을 전제로 물질 D의 맛이 달콤할 것이라는 결론에 도달하는 것이 바로 귀납적 비유이다. 이러한 결론은 참일 가능성이 있다. 다만, 경우에 따라 '잘못된 비유의 오류'[37]라는 비난을 받을 수도 있다.

셋째, 하나의 원인을 전제로 어떤 결과가 벌어졌을 것이라는 결론에 도달하는 '인과관계 귀납적 논증' 혹은 '귀납적 인과관계'[38]이다. 인과관계의 사전적 의미는 "무엇인가 발생하거나 존재하도록 야기하는 과정" 혹은 "원인과 결과의 관계"이다.[39] 예컨대, 직접흡연, 간접흡연, 석면, 라돈, 비소, 카드뮴, 니켈, 이온화 방사선, 유전, 대기오염, 기존 폐질환 등은 폐암이라는 결과를 일으키는 대표적인 원인이다. 만약, E라는 사람이 30년 동안 흡연을 했었다는 사실을 전제로 "E는 폐암에 걸릴 것이다." 혹은 "E의 부인 F는 폐암에 걸릴 것이다."라는 결론에 도달한다면 어떻게 될까? 이러한 귀납적 인과관계의 결론은 참일 가능성이 있다. 다만, 경우에 따라 '인과관계 단순화의 오류'[40]라는 비난을 받을 수도 있다.

---

37. '잘못된 비유의 오류'는 'Fallacy of False Analogy'를 번역한 표현이다. 자세한 내용은 "2.09. 잘못된 비유의 오류" 참고.

38. '인과관계 귀납적 논증'과 '귀납적 인과관계'는 각각 'Causal Inductive Reasoning'과 'Inductive Causation'을 번역한 표현이다.

39. The term 'Causation' refers to "the process of causing something to happen or exist" (Cambridge Dictionary) or "the relationship between cause and effect" (Google Dictionary) (Underline Added).

40. '인과관계 단순화의 오류'는 'Fallacy of Causal Oversimplification'을 번역한 표현이다. 자세한 내용은 "2.15. 인과관계 단순화의 오류" 참고.

귀추적 논증

논리적 증명 즉, 논증의 대표적인 2가지 방법은 앞서 설명한 연역적 논증과 귀납적 논증이다. 이에 더해, 19세기 미국의 철학자이자 논리학자인 찰스 샌더스 퍼스[41]가 제시한 귀추적 논증이라는 방법도 있다. 귀추적 논증의 핵심은 불충분한 관찰로부터 '그럴듯한 결론' 혹은 '최선의 예측'에 도달하는 것이다. 귀추적 논증의 결과로 나온 그럴듯한 결론 혹은 최선의 예측은 참일 수 있다. 다만, 이러한 결론 혹은 예측은 오로지 불충분한 관찰에 근거한 것이기 때문에 경우에 따라 거짓일 수도 있다. 결국, 귀추적 논증은 주어진 현상 및 사실에 대한 관찰을 통해 도달할 수 있는 가장 간단하고, 가

---

41. See "Charles Sanders Peirce", Wikipedia.

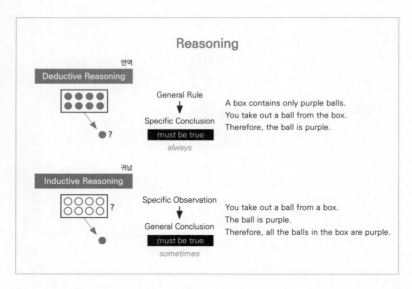

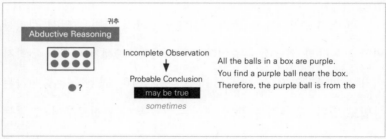

장 설득력 있으며, 가장 그럴듯한 설명을 찾아가는 논리적 증명의

한 방법이다.[42]

　　다음과 같은 예시를 통해 연역적 논증 및 귀납적 논증과는 확

---

42. 이러한 측면에서 귀추적 논쟁의 기원을 '오컴의 면도날'에서 찾기도 한다. 13-14세기 영국의 철학자 William of Ockham은 "가장 단순한 설명이 일반적으로 가장 올바른 설명이다." 혹은 "단순한 이론이 복잡한 이론보다 좋다."라는 '검약의 법칙'(Law of Parsimony) 혹은 '단순성의 원칙'(Principle of Simplicity)을 제시했는데, 이것을 흔히 '오컴의 면도날'(Occam's Razor, Ockham's Razor)이라고 표현하다. See "Occam's Razor", Wikipedia; and Elliott Sober, *Ockham's Razor: A User's Manual* (Cambridge University Press, 2015).

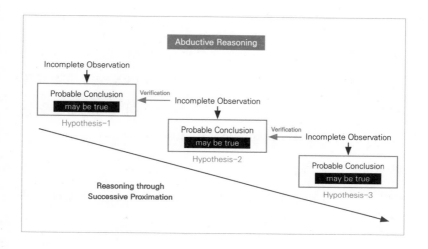

연하게 구별되는 귀추적 논증의 본질을 보다 자세하게 설명해 보겠다. 먼저, "박스 안에 오로지 보라색 공만 있다."와 "그 박스에서 하나의 공을 꺼냈다."라는 사실을 전제로 "따라서, 꺼낸 공은 보라색이다."라는 결론에 도달하는 것이 연역적 논증이다. 이렇듯 일반적 규칙으로부터 연역적 논증을 통해 도달한 구체적 결론은 항상 참이다. 다음으로, "박스에서 하나의 공을 꺼냈다."와 "꺼낸 공은 보라색이다."라는 사실을 전제로 "따라서, 박스 안의 모든 공은 보라색이다."라는 결론에 도달하는 것이 귀납적 논증이다. 이렇듯 구체적 관찰로부터 귀납적 논증을 통해 도달한 일반적 결론은 참일 수 있다. 다만, 경우에 따라 거짓일 수도 있다.

이에 반해, "박스 안의 모든 공은 보라색이다."와 "그 박스 근처에 보라색 공이 있다."라는 사실을 전제로 "따라서, 그 보라색 공은 그 박스에서 나온 것이다."라는 결론에 도달하는 것이 귀추적 논증이다. 이렇듯 불충분한 관찰로부터 귀추적 논증을 통해 도달한 그 럴듯한 결론은 참일 수 있다. 귀추적 논증은 새로운 이론을 정립할 때 자주 활용된다. 예컨대, 불충분한 관찰을 전제로 귀추적 논증을 통해 그럴듯한 결론 즉, 가설-1을 세운다. 추가적 실험과 관찰을 통해 가설-1을 검증하고 더욱 그럴듯한 가설-2를 세운다. 추가적 실험 과 관찰을 통해 가설-2를 검증하고 더욱더 그럴듯한 가설-3을 세운 다.[43] 이에 귀추적 논증을 (참인 결론에 점점 도달하는) '연속적 근사 치를 통한 논증'[44]이라고 부르기도 한다.

---

43. '가설'과 '검증'은 각각 'Hypothesis'와 'Verification'을 번역한 표현이다.
44. '연속적 근사치를 통한 논증'은 'Reasoning through Successive Approximation'을 번역한 표현이다.

논리적 오류와 인지적 편향

논증이란 논리 혹은 이성과 합리성에 따라 생각하는 것이다. 논증이 구체적 언어로 표현되면 논리적 글쓰기와 논리적 말하기가 되고, 구체적 행동으로 표현되면 합리적 의사결정과 합리적 선택이 된다. 만약 인간이 경제학의 아버지 애덤 스미스가 가정했던 '언제나 이성적이고 합리적인 호모 이코노미쿠스'[45]라면, 논증에 실패하는 일은 결코 없을 것이다. 그러나 현실 속 인간은 '때로는 이성적이고 합리적이지만 때로는 전혀 비이성적이고 비합리적인 호모 사피엔스'에 불과하다. 평범한 보통 인간인 독자 여러분과 필자 또한 때

---

45. '호모 이코노미쿠스'(*homo economicus*) 혹은 '경제적 인간'(economic man)이란 합리적 결정을 할 수 있는 무한대의 능력을 갖춘 상상 속 인간이다. See Dante A. Urbina and Alberto Ruiz-Villverde, "A Critical Review of *Homo Economicus* from Five Approaches", *The American Journal of Economics and Sociology* (January 23, 2019); and James Chen, "*Homo Economicus*", *Investopedia* (September 12, 2019).

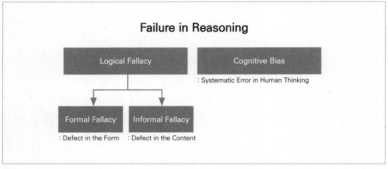

때로 논증에 성공하고 때때로 논증에 실패하기도 한다. 따라서 실패를 극복하고 보다 나은 논리적 증명을 실천하기 위해서는 다음 3가지를 학습해야 한다.

우선, 논리적 오류의 2가지 유형인 형식적 오류와 비형식적 오류[46]의 구분을 학습해야 한다. 형식적 오류란 형식의 흠결로 인한 논리적 오류이다. 예컨대, 전제-1 "만약 A가 참이면, B는 참이다."와 전제-2 "B는 참이다."를 근거로 "따라서, A는 참이다."라는 결론에 도달한다면 이것은 오류이다. 이것을 개선하면, 동일한 전제-1과 수

---

46. '논리적 오류', '형식적 오류', '비형식적 오류'는 각각 'Logical Fallacy', 'Formal Fallacy', 'Informal Fallacy'를 번역한 표현이다.

Logical Fallacy

Formal Fallacy : Defect in the Form	Informal Fallacy : Defect in the Content
(X) If A is true, then B is true. 　　B is true. 　　Therefore, A is true. (O) If A is true, then B is true. 　　A is true. 　　Therefore, B is true.	(X) A is a B 　　A is also a C. 　　Therefore, all Bs are also Cs. Fallacy of Hasty Generalization

정된 전제-2 "A는 참이다."를 근거로 "따라서, B는 참이다."라는 올바른 결론에 도달할 수 있다.[47] 한편, 비형식적 오류란 내용의 흠결로 인한 논리적 오류이다.[48] 예컨대, 전제-1 "A는 B의 한 요소이다."와 전제-2 "A는 또한 C의 한 요소이다."를 근거로 "따라서, B의 모든 요소는 또한 C의 모든 요소이다."라는 결론에 도달한다면, 이것은 '성급한 일반화의 오류'[49]이다.

다음으로, 비형식적 오류의 주요 유형을 학습해야 한다. 비형식적 오류의 구체적 명칭 및 분류[50] 방법에 대해서는 학자들 간에 입장 차이가 매우 크다. 따라서 특정 명칭에 집착하지 말고 오직 그러

---

47. See Ruggero J. Aldisert, *Logic for Lawyers: A Guide to Clear Legal Thinking*, 3rd Edition (National Institute for Trial Advocacy, 1997), pp. 145-168.

48. 비형식적 오류는 전제가 결론을 뒷받침하는 데 실패한 주장을 지칭한다. 결국 이러한 오류는 '논증' 과정에서의 오류 즉, 전제와 결론의 연결이 그 내용의 흠결로 인해 정확하지 않기 때문에 발생하는 것이다. 비형식적 오류를 '실질적 오류'(Material Fallacy)라고 표현하기도 한다. See *Id.*, p. 169.

49. 자세한 내용은 "2.02. 성급한 일반화의 오류" 참고.

50. '명칭'과 '분류'는 각각 'Nomenclature'와 'Classification'을 번역한 표현이다.

비형식적 오류의 주요 유형 Primary Types of Informal Fallacy		
이분법의 오류 Dichotomy	성급한 일반화의 오류 Hasty Generalization	허수아비 공격의 오류 Straw Man
인신공격의 오류 Ad Hominem	순환논증의 오류 Circular Argument	붉은 청어의 오류 Red Herring
연민에 호소하는 오류 Appeal to Pity	권위에 호소하는 오류 Appeal to Authority	잘못된 비유의 오류 False Analogy
밴드왜건의 오류 Bandwagon	연좌제의 오류 Association	모호성의 오류 Equivocation
미끄러운 경사면의 오류 Slippery Slope	인과/상관관계 혼동의 오류 Causation vs. Correlation	인과관계 단순화의 오류 Causal Oversimplification

한 명칭이 지칭하고자 하는 논리적 오류가 무엇인지에 초점을 맞추어 학습하는 것이 바람직하다.[51] 예컨대, 일상 생활에서 흔히 경험하는 '인신공격의 오류'란 '메시지'가 아니라 '메신저'를 공격함으로써 메시지가 틀렸다고 비난하는 논리적 오류를 말한다. '인과관계·상관관계 혼동의 오류'란 마치 '까마귀 날자 배 떨어진다.'라는 속담과 같이 그저 우연히 벌어진 '상관관계'에 불과한 것을 원인과 결과의 '인과관계'라고 착각하는 논리적 오류를 말한다. 제2장에서는 15개의 대표적인 비형식적 오류를 다루도록 하겠다.

이에 더해, 행동주의[52]가 주목한 인지적 편향의 주요 유형을 학

---

51. See Christopher W. Tindale, *Fallacies and Argument Appraisal* (Cambridge, England: Cambridge University Press, 2007); and 유순근, 『논리와 오류: 비판적 사고와 논증』 (서울: 박영사, 2018).

52. 영어 'Behaviorism'을 학문 분야에 따라 '행동주의' 혹은 '행태주의'라는 다른 한국어로 번역한다. 다만, 이 책에서는 '행동주의'라는 일관된 한국어 표현을 사용하겠다.

인지적 편향의 주요 유형		
Primary Types of Cognitive Bias		
기준점 편향 Anchoring	상대성 편향 Relativity	확증 편향 Confirmation
친화도 편향 Affinity	사후설명 편향 Hindsight	대표성 편향 Representativeness
이기적 편향 Self-serving	가용성 편향 Availability	현상유지 편향 Status *Quo*
손실회피 편향 Loss Aversion	사일로 효과 편향 Silo Effect	근시 편향 Myopia
후광 효과 편향 Halo Effect	충격과 공포 편향 Shock and Awe	낙관주의 편향 Optimism

습해야 한다. 모든 인간은 이성적으로 생각하고 행동할 것이라는 근대 합리주의에 대한 반발로 등장한 행동주의는 실제 인간의 행동에 대한 관찰을 통해 때때로 비이성적으로 생각하고 행동하는 인간의 모습을 찾아내어 그 원인을 '인지적 편향'[53] 혹은 '휴리스틱'[54]이라는 용어로 표현했다.[55] 다만, 인간 사고에 나타나는 체계적인 실수 즉, 인지적 편향의 구체적 명칭 및 분류 방법에 대해서는 학자들 간에

---

53. The term 'Cognitive Bias' refers to "a systematic pattern of deviation from norm or rationality in judgement." See "Cognitive Bias", Wikipedia.

54. The term 'Heuristic' refers to "a way of solving problems by discovering things yourself and learning from your own experiences." Cambridge Dictionary.

55. 근대 합리주의에 기반해 만들어진 대표적인 학문 중 하나가 경제학이다. 경제학의 아버지 Adam Smith는 오로지 자신의 이익을 극대화하는 합리적 의사결정의 주체인 '경제적 인간'(*homo economicus*)을 가정하고 자유주의 혹은 고전주의 경제학을 만들었다. 이에 반해, 2002년 노벨경제학상 수장자인 Daniel Kahneman은 때로는 합리적이지만 때로는 비합리적으로 행동하는 현실 속 인간은 '경제적 인간'이 아니라 그저 '호모 사피엔스'(*homo sapiens*)에 불과하다고 설명하고, 현실 속 인간을 위한 '행동경제학'(Behavioral Economics)을 주창했다. See Daniel Kahneman, *Thinking, Fast and Slow*, 1st Edition (New York, NY: Farrar, Straus and Giroux, 2011).

입장 차이가 매우 크다.[56] 따라서 이 경우 또한 특정 명칭에 집착하지 말고 오직 그러한 명칭이 지칭하고자 하는 인지적 편향이 무엇인지에 초점을 맞추어 학습하는 것이 바람직하다. 제3장에서는 15개의 대표적인 인지적 편향을 다루도록 하겠다.

56. See Richard H. Thaler and Cass R. Sunstein, *Nudge: Improving Decisions about Health, Wealth, and Happiness* (New Haven, CT: Yale University Press, 2008); and Dan Ariely, *Predictably Irrational: The Hidden Forces That Shape Our Decisions*, Revised & Expanded Edition (New York, NY: Harper Perennial, 2010).

논리적 증명의 본질은
논리적 오류와 인지적 편향을 극복하고
자신이 증명하고자 하는 주관적 '의견'을 뒷받침할 수 있는
객관적 '사실'을 제시하는 것이다.

제 **2** 장

논리적 오류의
유형

이분법의 오류

논리적 증명을 위해 극복해야 하는 논리적 오류의 대표적 유형 첫 번째는 '이분법의 오류'이다. '이분법'의 사전적 의미는 "논리적 구분의 방법. 그 범위에 있어서 서로 배척되는 두 개의 구분지로 나누는 경우"[57]이다. 한편, "둘로 나누기"라는 뜻의 그리스어 '*dichotomia*'에서 유래한 영어 'Dichotomy'는 '서로 반대되거나

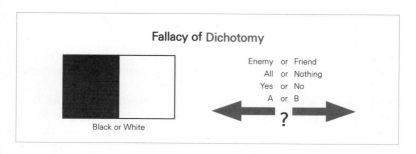

---

57. 국립국어원 표준국어대사전

Premise-1	(A is either black or white.)
Premise-2	A is not black.
Conclusion	Therefore, A is white.

혹은 완전히 다른 두 개 사이의 구분 혹은 대조' 또는 '두 개의 완전
히 반대되는 생각 혹은 사물 간의 차이'를 의미한다.[58] 결국 '이분법
의 오류'란 여러 가지 다양한 선택 사항이 있음에도 불구하고 단지
극단적인 두 가지의 선택 사항만이 제시되어 벌어지는 오류이다.[59]
즉, 다양한 선택 사항들을 모두 생략한 채 그저 '이것 혹은 저것'이라
고 표현하는 것이 이분법의 오류이다.[60]

　　예컨대, "A는 검은색이 아니다."라는 전제-2를 근거로 "따라
서, A는 흰색이다."라는 결론에 도달한 것은 전형적인 이분법의 오
류이다. 물론 이 주장에는 "A는 검은색 혹은 흰색이다."라는 전제-1
이 숨겨져 있다. 2개의 전제를 근거로 결론에 도달하는 이 주장은 형
식적 측면에서 문제가 없다. 다만, 숨겨진 전제-1에 심각한 비형식

---

58. The term 'Dichotomy' refers to "a difference between two completely opposite ideas or things" (Google Dictionary) or "a division or contrast between two things that are or are represented as being opposed or entirely different" (Cambridge Dictionary) (Underline Added).

59. See Admiral James O. Ellis Jr., "Leaving the Middle East: The Fallacy of a False Dichotomy", *Strategika*, Issue 63 (March 31, 2020).

60. '이분법의 오류'에 해당하는 영어 표현은 다음과 같다: Fallacy of Dichotomy, False Dichotomy, Bifurcation Fallacy, Black-or-White Fallacy, Fallacy of Denying a Conjunct, Fallacy of Double Bind, Either/Or Fallacy, Fallacy of Exhaustive Hypotheses, Fallacy of the Excluded Middle, Fallacy of the False Alternative, Fallacy of False Binary, Fallacy of False Choice, Fallacy of False Dichotomy, Fallacy of Invalid Disjunction, Fallacy of No Middle Ground, Fallacy of False Dilemma 등.

Premise-1	(You are either a friend or an enemy.)
Premise-2	You are not a friend.
Conclusion	Therefore, you are an enemy.

적 혹은 실체적 측면의 흠결이 있다. 즉, 세상에는 수없이 다양한 색깔이 있는데[61], A는 오로지 검은색 혹은 흰색 둘 중 하나일 것이라는 이분법에 근거한 전제가 틀렸다는 것이다. 이러한 측면에서 이분법의 오류를 흔히 '흑백논리'[62]라고 표현하기도 한다. 따라서 숨겨진 전제-1이 틀렸음을 보여줌으로써, 이 주장에 담긴 논리적 오류를 공격할 수 있다.

다음으로, "당신은 친구가 아니다."라는 전제-2를 근거로 "따라서, 당신은 적이다."라는 결론에 도달한 것 또한 이분법의 오류이다. 이 주장에는 "당신은 친구 아니면 적이다."라는 전제-1이 숨겨져 있다. 2개의 전제를 근거로 결론에 도달하는 이 주장은 형식적 측면에서 문제가 없다. 다만, 숨겨진 전제-1에 심각한 비형식적 혹은 실체적 측면의 흠결이 있다. 즉, 친한 친구, 그냥 친구, 아는 사람, 모르는 사람, 무관심한 사람, 미운 사람, 해로운 사람, 무관심한 적, 악의

---

61. 색의 수는 무한대이다. 다만, 심리물리학자들에 따르면 인간의 눈이 인식할 수 있는 색의 수는 1천만 개라고 한다. 즉, 인간의 눈이 인식할 수 있는
(1,000 단계의 Dark-Light) × (100 단계의 Red-Green) × (100 단계의 Yellow-Blue) = 10,000,000 개의 색깔이다.
See Davey Gott, "How Many Colors Are There in the World?", *NCI News* (May 3, 2019).
62. 흑백논리란 "모든 문제를 흑과 백, 선과 악, 득과 실의 양극단으로만 구분하고 중립적인 것을 인정하지 아니하려는 편중된 사고방식이나 논리"를 의미한다. 국립국어원 표준국어대사전.

를 품은 적, 나쁜 행동을 하는 적 등 매우 다양한 대상을 그저 '친구 혹은 적'이라고 이분법적으로 분류한 것이 문제이다. 따라서 숨겨진 전제-1이 틀렸음을 보여 주는 사례를 제시함으로써, 논리적 오류를 공격할 수 있다.

　　이분법의 오류를 보여 주는 대표적인 역사적 사례 중 하나는 2001년 9/11 테러[63] 직후 당시 미국 대통령 조지 W. 부시의 연설이다. "9월 11일 자유의 적들은 우리나라에 대한 전쟁 행위를 저질렀습니다. …… 테러와의 전쟁은 알 카에다에 대해 먼저 시작됩니다. 그러나 거기에서 끝나지는 않습니다. 전세계의 모든 테러 집단들을 찾아내고, (테러 행위를) 멈추게 하고, 패퇴시키기 전까지 테러와의 전쟁은 끝나지 않을 것입니다. …… 모든 지역의 모든 나라들은 이제 결정해야 합니다. 우리와 함께 할지 혹은 테러리스트들과 함께 할지

---

63. '9/11 테러'는 'The 9/11 Terrorist Attacks'를 번역한 표현이다. 2001년 9월 11일 테러리스트들에 의해 납치된 2대의 항공기(American Airlines Flight 11과 United Airlines Flight 175)에 의해 미국 뉴욕시 소재 세계무역센터(World Trade Center) 쌍둥이 빌딩과 워싱턴 D.C. 소재 미국 국방성(Department of Defense) 건물이 공격당한 사건이다.

를."[64] 즉, 부시 대통령은 전세계를 향해 미국이 주도하는 테러와의 전쟁에 동맹국으로 동참하는 친구가 될지 혹은 미국에 대항하는 적이 될지를 선택하라고 강요했다.

당시 부시 대통령을 포함한 미국 공화당의 정치사상을 흔히 신보수주의[65]라고 부른다. '선과 악', '친구와 적'과 같은 신보수주의의 이분법적 세계관은 기독교 복음주의 혹은 기독교 근본주의에 그 뿌리를 두고 있다.[66] 다양하고 복잡하며 역동적인 세상을 '흑과 백', '선과 악', '옳고 그름', '정답과 오답', '적과 동지' 등과 같은 이분법적 사고로 단순화해서 이해하려는 것은 어찌 보면 자연스러운 인간의 본성인지도 모르겠다. 더욱이 아날로그 시대가 끝나고 모든 정보를 '0과 1'이라는 이진수로 환원하는 이진법에 기반한 디지털 시대의 등장 이후, 이러한 인간의 본성이 점차 강화되고 있는 측면도 있다. 심지어 논증을 배우는 것에도 '정답과 오답' 같은 이분법적 사고로 접근하려는 사람들이 여전히 적지 않다.[67]

_____

64. See "President Bush Addresses the Nation", *The Washington Post* (September 20, 2001).

65. '신보수주의'는 'Neo-conservatism'을 번역한 표현이다. 이상혁, 『Dr. LEE의 용어로 풀어보는 글로벌 이슈 제1권』, 2nd Edition (서울: KP Publisher, 2014), pp. 75-81 참고.

66. '기독교 복음주의'와 '기독교 근본주의'는 각각 'Christian Evangelism'과 'Christian Fundamentalism'을 번역한 표현이다. See *Id*, pp. 18-23.

67. 단언컨대, 논리적 증명은 이분법적 사고로 접근하는 'O와 X'의 게임이 아니라 '올바른 방향'으로 한걸음 한걸음 꾸준히 나아가는 '더와 덜'의 게임이다. 이상혁, *supra* note 11, pp. 141-144 참고.

논리적 증명은
이분법적 사고로 접근하는 'O와 X'의 게임이 아니라
'올바른 방향'으로 한걸음 한걸음 꾸준히 나아가는
'더와 덜'의 게임이다.

성급한 일반화의 오류

논리적 증명을 위해 극복해야 하는 논리적 오류의 대표적 유형 두 번째는 '성급한 일반화의 오류'이다. '일반화'의 사전적 의미는 "개별적인 것이나 특수한 것이 일반적인 것으로 됨. 또는 그렇게 만듦"[68]이다. 한편, 영어 'Generalization'은 '구체적 사례로부터 추론

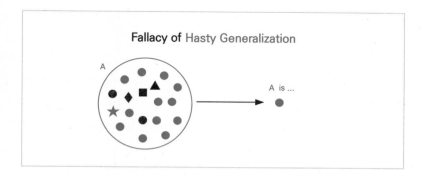

68. 국립국어원 표준국어대사전

Premise-1	(All the other Koreans are the same as A.)
Premise-2	A, a Korean, is kind.
Conclusion	Therefore, all Koreans are kind.

Premise-1	(He always wears a shirt of the same color.)
Premise-2	Yesterday, I saw him wearing a pink shirt.
Conclusion	Therefore, he always wears a pink shirt.

을 통해 얻게 된 일반적 진술 또는 개념' 혹은 '어떤 것이 단지 몇몇 경우에만 참일 때 그것이 늘 항상 참이라고 말하거나 쓰는 진술'을 의미한다.[69] 결국 '성급한 일반화의 오류'란 특정한 상황으로부터 일반적 법칙을 추론하는 일반화의 과정이 성급하거나 지나쳐서 벌어지는 논리적 오류이다.[70] 즉, 일반화된 진술에 포섭되지 않는 구체적 상황과 사례들이 여전히 존재하고 있기 때문에 벌어지는 문제가 성급한 일반화의 오류이다.[71]

예컨대, "한국 사람인 A는 친절하다."라는 전제-2를 근거로

---

69. The term 'Generalization' refers to "a general statement or concept obtained by inference from specific cases" (Google Dictionary) or "a written or spoken statement in which you say or write something is true all of the time when it is only true some of the time" (Cambridge Dictionary) (Underline Added).

70. See Laura Mondragon, "What is Hasty Generalization?", *The Writing Cooperative* (September 22, 2019).

71. '성급한 일반화의 오류'에 해당하는 영어 표현은 다음과 같다: Fallacy of Hasty Generalization, Fallacy of Over-generalization, Fallacy of Faulty Generalization, Fallacy of Illicit Generalization, Fallacy of Insufficient Sample, Fallacy of Generalization from the Particular, Fallacy of Leaping to a Conclusion, Fallacy of Blanket Statement, Fallacy of Hasty Induction, Fallacy of (Law of) Small Numbers, Fallacy of Unrepresentative Sample, Fallacy of Over-simplification, Fallacy of *Secundum Quid* 등.

"따라서, 모든 한국 사람들은 친절하다."라는 결론에 도달한 것은 전형적인 성급한 일반화의 오류이다. 물론 이 주장에는 "다른 모든 한국 사람들도 A와 똑같을 것이다."라는 전제-1이 숨겨져 있다.[72] 2개의 전제를 근거로 결론에 도달하는 이 주장은 형식적 측면에서 문제가 없다. 다만, 숨겨진 전제-1에 심각한 비형식적 혹은 실체적 측면의 흠결이 있다. 즉, 현실적으로 다른 모든 한국 사람들이 A와 똑같은 성향을 가지고 있을 수는 없다.[73] 따라서 불친절한 B, 화를 잘 내는 C, 타인에게 무관심한 D, 심하게 욕을 하는 F 등의 구체적 사례를 통해 숨겨진 전제-1이 틀렸음을 보여줌으로써, 이 주장에 담긴 논리적 오류를 공격할 수 있다.

다음으로, "그 사람이 분홍색 셔츠를 입고 있는 것을 어제 내가 보았다."라는 전제-2를 근거로 "따라서, 그 사람은 항상 분홍색 셔츠를 입는다."라는 결론에 도달한 것 또한 전형적인 성급한 일반화의 오류이다. 이 주장에는 "그 사람은 항상 똑같은 색깔의 셔츠를 입는다."라는 전제-1이 숨겨져 있다. 문제는 전제-1에 심각한 실체적 측면의 흠결이 있다는 것이다. 즉, '어제'라는 특정한 시기에 벌어졌던

---

72. 이것을 흔히 'Stereotype' 즉, 정형화 혹은 고정관념이라고 표현한다. "한국 사람은 …… 하다.", "일본 사람은 …… 하다.", "중국 사람은 …… 하다.", "남자는 …… 하다.", "여자는 …… 하다.", "어떤 지역 출신은 …… 하다.", "어떤 대학 출신은 …… 하다.", "노인은 …… 하다.", "20대 젊은이는 …… 하다." 등이 모두 성급한 일반화의 오류인데, 이것을 특별히 'Fallacy of Stereotyping' 즉, '정형화의 오류'라고 부르기도 한다.

73. 1987년 퓰리처상을 수상한 언론인이자 미국 펜실베니아대학교 와튼경영대학원에서 협상(Negotiation)을 강의하는 Stuart Diamond 교수는 정형화의 오류에 빠지는 것을 방지하기 위해, 'There is no them.' 즉, '그들이란 존재하지 않는다.'라는 중요한 원칙을 제시했다. See Stuart Diamond, *Getting More: How You Can Negotiate to Succeed in Work and Life* (London, England: Portfolio Penguin, 2010), p. 180.

> " It is more appropriate to speak of the West and the rest.
> Other Confucian and Islamic societies
> attempt ... to resist ... against the West. "
>
> Samuel P. Huntington

일이 '항상'이라는 보편적 상황에서도 동일하게 벌어질 것이라고 성급하게 일반화하는 논리적 오류를 저지른 것이다. 따라서 '2일 전에는 검은색 셔츠, 3일 전에는 흰색 셔츠를 입었다.'와 같은 구체적 사례를 통해 숨겨진 전제-1이 틀렸음을 보여줌으로써, 이 주장에 담긴 논리적 오류를 공격할 수 있다.

성급한 일반화의 오류를 보여 주는 대표적인 역사적 사례 중 하나는 1996년 세계적 베스트셀러가 된 『문명의 충돌』[74]에 제시된 새뮤얼 헌팅턴 교수의 주장이다.[75] 헌팅턴은 미국, 영국, 프랑스, 독일, 이탈리아 등의 국가들 간에 너무나도 큰 차이점이 있음에도 불구하고 이들의 문화적 특징을 성급하게 일반화하여 '서구 문명'이라고 명명했다. 이에 더해, 이란, 이라크, 시리아, 아프가니스탄, 수단 등의 국가들 간의 큰 차이점에도 불구하고 이들의 문화적 특징을

---

74. See Samuel P. Huntington, *The Clash of Civilizations: The Remaking of World Order* (New York, NY: Simon & Schuster, 1996). 이념적, 정치적, 경제적 대립이 팽배했던 냉전 시대와는 달리, 냉전 이후의 세계는 서로 다른 문명과 문명 간의 충돌이 지배할 것이라는 주장이 이 책의 결론이다. '문명의 충돌'이라는 Samuel P. Huntington의 주장은 1993년 발표된 논문에서 이미 제기된 바 있다. See Samuel P. Huntington, "The Clash of Civilizations?", *Foreign Affairs* (Summer 1993).

75. 직역하면 "서구와 그 나머지라고 말하는 것이 더 적절하다. 다른 유교 및 이슬람 사회들은 …… 서구에 대항해서 저항하려고 한다."이다. 즉, 서구 문명에 대한 비서구 문명 특히, 유교 문명과 이슬람 문명의 도전 때문에 소위 '문명의 충돌'이라는 현상이 벌어진다는 것이 헌팅턴 교수의 주장이다.

'이슬람 문명'이라고 성급하게 일반화했다. 또한 중국, 한국, 대만, 싱가포르, 베트남 등의 국가들 간의 문화적 차이에도 불구하고 이들을 '유교 문명'이라고 성급하게 일반화했다. 그리고 서로 다른 이들 문명 간에 충돌이 일어날 것이라고 예견했다.

    이러한 헌팅턴의 주장은 엄청난 찬사와 비난을 동시에 받는 전 세계적 논쟁의 대상이 되었다. 이후 세계 주요 언론들이 '서구'와 '이슬람' 간의 '문명의 충돌'이라는 관점에서 2001년 9/11 테러를 평가함으로써, 헌팅턴의 책이 다시 한번 전세계적 주목을 받기도 했다.[76] 한편, 9/11 테러 이후 '문명의 충돌'이라는 관점에 사로잡힌 주요 언론 보도에 분노한 콜럼비아대학교 에드워드 사이드 교수는 '무지의 충돌'이라는 지극히 감정적인 제목의 논문을 통해 '문명의 충돌'이라는 헌팅턴의 주장을 맹비난했다.[77] 즉, 성급한 일반화의 오류에 근거해 '서구 문명', '이슬람 문명', '유교 문명' 등과 같은 허구의 존재를 만들었고, 이러한 허구의 존재들이 서로 충돌할 것이라는 엉터리 결론에 도달했다는 비난이다.[78]

---

76. See 이상혁, *supra* note 65, pp. 63-68.

77. See Edward W. Said, "The Clash of Ignorance", *The Nation* (October 4, 2001). 한편, 독일의 정치학자 하랄트 뮐러는 서로 다른 문화는 공존할 수 있다는 '문화적 상대주의'(Cultural Relativism)의 관점에서 서로 다른 문화는 충돌할 것이라는 '문화적 절대주의'(Cultural Absolutism)에 기반한 헌팅턴의 주장을 비판했다. 하랄트 뮐러, 『문명의 공존: 하랄트 뮐러의 反헌팅턴 구상』(푸른숲, 2000) 참고.

78. 이상혁, *supra* note 65, p. 66 참고.

일반화된 진술에 포섭되지 않는 구체적 상황과 사례들이
여전히 존재하고 있기 때문에 벌어지는 문제가
성급한 일반화의 오류이다.

2.03.

허수아비 공격의 오류

논리적 증명을 위해 극복해야 하는 논리적 오류의 대표적 유형 세 번째는 '허수아비 공격의 오류'이다. "지푸라기를 묶어서 만든 인형 혹은 새를 쫓아내는 사람 모형"[79]인 '허수아비'의 비유적 의미는 "주장에 있어 쉽게 반박 가능한 상상 속의 상대방" 혹은 "상대방의 실제 주장보다 반박하기 더 쉽기 때문에 의도적으로 만들어 낸 허구의 주장"이다.[80] 결국 '허수아비'란 실상이 아닌 허상이다. 실제 공격할 대상을 대신하여 허수아비를 세워 두고[81] 그것을 쓰러트리려는[82]

---

79. The term 'Straw Man' refers to "doll or scarecrow made of straw". Online Etymology Dictionary.

80. The term 'Straw Man' refers to "an easily refuted imaginary opponent in an argument" (Online Etymology Dictionary) or "an intentionally misrepresented proposition that is set up because it is easier to defeat than an opponent's real argument" (Google Dictionary) (Underline Added).

81. 이것을 영어로 'to stand up a straw man'이라고 표현한다.

82. 이것을 영어로 'to knock down a straw man'이라고 표현한다.

Fallacy of Attacking a Straw Man

듯한 논리 전개가 바로 '허수아비 공격'이다.[83] 즉, 반론이 제기되어야 하는 실제 논쟁의 대상이 아닌 엉뚱한 대상에 대한 반론을 제기함으로써, 마치 제대로 된 반론을 제기한 듯한 잘못된 인상을 주는 것이 허수아비 공격의 오류이다.[84]

　　예컨대, "대기 오염 때문에 우리는 자동차 운행을 줄여야 합니다."라는 A의 주장에 대해 B가 "말도 안 됩니다! 걸어서 직장에 가는 것은 불가능합니다."라고 반박하는 것은 전형적인 허수아비 공격의 오류이다. A의 주장은 '자동차 운행을 줄이는 것'이고 그 이유로 대

---

83. '허수아비'의 반대 개념이 'Steel Man' 즉, '강철인'이다. '허수아비 공격'에 반대되는 개념인 'Steel Man Argument' 혹은 'Steelmanning'이란 상대방으로 하여금 실제 그들의 주장보다 더 강력한 형태의 주장을 구성하도록 돕는 것을 의미한다. 예컨대, 상대 주장에 담겨 있는 쉽게 반박될 수 있는 잘못된 전제들을 제거해줌으로써, 상대방이 최선의 주장을 제시할 수 있도록 도와주는 것이다. See Eric Ravenscraft, "Utilize the "Steel Man" Tactic to Argue More Effectively", *Lifehacker* (September 9, 2014).

84. '허수아비 공격의 오류'에 해당하는 영어 표현은 다음과 같다: Fallacy of Attacking a Straw Man, Straw Man Fallacy, Aunt Sally, Fallacy of Quoting out of Context, Fallacy of Relevance 등.

Person-A: We should use cars less because of air pollution.

Person-B: (Standing up a straw man of "going to work by walk")
Nonsense! It is impossible to go to work by walk.

Person-A: Corporal punishment must be prohibited in school
in order to protect human rights.

Person-B: (Standing up a straw man of "denying the value of education")
Awful! How dare you deny the value of education!

기 오염의 문제를 제시했다. 즉, B가 반박해야 하는 A 주장의 핵심은 바로 '자동차 운행을 줄이는 것'이다. 그런데 B는 A의 주장에 직접적으로 반박하는 대신, '걸어서 직장에 가는 것'이라는 허수아비를 세웠다. 그리고 '걸어서 직장에 가는 것'은 불가능하다고 주장하면서 그 허수아비를 쓰러트리는 논리 전개를 했다. 얼핏 보면 마치 B가 A의 주장에 반박한 것처럼 보이지만, 이것은 논쟁의 핵심을 비켜간 허수아비 공격의 오류에 불과하다.

다음으로, "인권 보호를 위해 학교에서의 체벌은 금지되어야 합니다."라는 A의 주장에 대해 B가 "끔찍하군요! 당신이 감히 어떻게 교육의 가치를 부정합니까!"라고 반박하는 것도 전형적인 허수아비 공격의 오류이다. A의 주장은 '학교에서의 체벌 금지'이고 그 이유로 인권의 보호를 제시했다. 즉, B가 반박해야 하는 A 주장의 핵심은 바로 '학교에서의 체벌 금지'이다. 그런데 B는 A의 주장에 직접적으로 반박하는 대신, '교육 가치의 부정'이라는 허수아비를 세웠다. 그리고 '교육 가치의 부정'은 끔찍한 것이라고 주장하면서 그 허수아비를 쓰러트리는 논리 전개를 했다. 얼핏 보면 마치 B가 A의 주장에 반박한 것처럼 보이지만, 이것은 논쟁의 핵심을 비켜 간 허수아비 공격의 오류에 불과하다.

허수아비 공격의 오류를 보여 주는 역사적 사례 중 하나는 자유주의에 대한 케인스주의[85]의 수없이 많은 비난이다. 개인의 합리성과 시장의 온전함을 믿고 모든 것을 개인과 시장에 맡길 것을 주창했던 애덤 스미스의 사상이 자유주의의 원형 중 하나이다. 이것을 비판하고 등장했던 존 메이나드 케인스는 시장의 실패 가능성을 지적하며 정부의 규제와 개입의 필요성을 역설했다.[86] 이러한 자유주

> " Markets should have limits. Making certain goods into commodities can corrupt the very value of these goods. Market norms can crowd out valuable behavior. "
>
> Michael J. Sandel

---

85. '자유주의'와 '케인스주의'는 각각 'Liberalism'과 'Keynesianism'을 번역한 표현이다. See Adam Smith, *An Inquiry into the Nature and Causes of the Wealth of Nations*, originally published in 1776, Scotts Valley, CA: CreateSpace Independent Publishing Platform, 2016; and John Maynard Keynes, *The General Theory of Employment, Interest and Money*, originally published in 1936 (Hawthorne, CA: BN Publishing, 2008).

86. 이후 이러한 케인스주의에 반발하고 또 다시 시장의 온전함을 믿고 시장에 모든 것을 맡겨야 한다고 주장하는 Milton Friedman, Friedrich Hayek 등의 학자들이 등장했는데, 이들의 사상을 'Neo-liberalism' 즉, '신자유주의'라고 한다. 이후 신자유주의를 비판하고 다시 Keynes의 사상으로 돌아갈 것을 주장하는 Joseph E. Stiglitz, Paul Krugman 등의 학자들이 등장했는데, 이들의 사상을 'Neo-Keynesianism' 즉, '신케인스주의'라고 한다. See Milton Friedman, *Capitalism and Freedom* (University of Chicago, 2003); F. A. Hayek, *The Road to Serfdom* (University of Chicago, 2003); Joseph E. Stiglitz, *Making Globalization Work* (W. W. Norton & Company, 2006); and Paul Krugman, *The Return of Depression Economics and the Crisis of 2008* (W. W. Norton & Company, 2009).

의와 케인스주의 간의 경제학적 논쟁은 철학적 논쟁으로 이어졌다. 즉, '정의'라는 개념을 활용하여 자유주의와 신자유주의를 철학적으로 뒷받침했던 책이 존 롤스의 『정의론』[87]이라면, 동일한 '정의'의 개념을 활용하여 케인스주의와 신케인스주의를 철학적으로 뒷받침했던 책이 마이클 샌델의 『정의란 무엇인가』[88]이다.

마이클 샌델은 『돈으로 살 수 없는 것들』[89]이라는 책을 통해 "시장에는 제한이 있어야 한다. 어떤 물건들을 단순한 공산품으로 만드는 것은 그 물건들의 고유한 가치를 타락시킬 수 있다. 시장의 규범은 가치 있는 행동을 몰아낼 수도 있다."와 같은 표현으로 시장을 비난했다. 즉, 시장은 오로지 이기적인 경제적 이익만을 추구하기 때문에, 모든 것을 시장에 맡기면 소중한 가치들이 무너진다는 주장이다. 그러나 애덤 스미스가 제시했던 시장의 개념은 전혀 그런 것이 아니다. 제빵업자의 예시[90]에서 제시된 바와 같이, 비록 시장에

---

87. John Rawls가 제시했던 핵심적 개념 중 하나가 'Difference Principle' 즉, '차등의 원칙'이다. '서로 다른 것을 다르게 대해 주는 것', 이것이 바로 미국 사회가 기반하고 있는 자유주의의 핵심 가치 중 하나이다. See John Rawls, *A Theory of Justice* (Harvard University Press, 1971), pp. 54~117; and 이상혁, 『Dr. LEE의 용어로 풀어보는 글로벌 이슈 제2권』, 2nd Edition (서울: KP Publisher, 2014), pp. 86~93.

88. 한가지 재미있는 사실은 전혀 대중성이 없어서 다른 나라에서는 별로 팔리지 않았던 『정의란 무엇인가』라는 철학책이 유독 한국에서만 베스트셀러가 되었다는 것이다. 심지어 책의 저자인 Michael J. Sandel 조차도 이에 대해 많이 놀랐다고 한다. 2010년 당시 이명박 정부가 내세웠던 소위 '공정사회'라는 시대적 담론 때문에 이 책이 국내에서 베스트셀러가 될 수 있었다는 것이 일반적인 평가이다. See Michael Sandel, *Justice: What's the Right Thing to Do?* (Farrar, Straus and Giroux, 2010).

89. See Michael Sandel, *What Money Can't Buy: The Moral Limits of Markets* (Farrar, Straus and Giroux, 2013).

90. Adam Smith는 제빵업자의 예시를 통해 시장을 설명했다. 즉, 제빵업자는 오로지 자신의 이기적인 경제적 이익을 위해서 빵을 만든다. 더 많은 돈을 벌기 위해 더 좋은 빵을 더 값싸게 만들어서 판매하는 것뿐이다. 그런데 이러한 제빵업자의 이기적 행동 때문에 결국 다른 모든 사람들은 더 좋은 빵을 더 값싸게 구매해서 먹을 수 있는 혜택을 누리게 된다. 이것이 바로 Adam Smith가 생각한 'Market Perfection' 즉, '시장의 온전함'이다.

참여하는 개인들은 오로지 이기적 목적으로 움직이지만 보이지 않는 손에 의해 결국 모든 사람들이 이익을 얻게 된다는 것이 자유주의가 제시하는 시장의 진정한 모습이다.[91]

---

91. Adam Smith는 시장의 온전함을 주창했던 자유주의 경제학의 바이블에 해당하는 『국부론』 (1776)을 출간하기 7년 전에 『도덕감정론』 (1759)을 먼저 저술했다. '도덕'이라는 토대 위에 '시장'의 개념이 세워졌음은 『도덕감정론』에서도 잘 드러난다. See Adam Smith, *The Theory of Moral Sentiments*, originally published in 1759, (Penguin Classics, 2010).

인신공격의 오류

논리적 증명을 위해 극복해야 하는 논리적 오류의 대표적 유형 네 번째는 '인신공격의 오류'이다. 이것을 흔히 *'ad hominem'*이라고 표현한다. 영어 'to'와 'man'을 의미하는 라틴어 *'ad'*와 *'hominem'*의 합성어인 *'ad hominem'*의 사전적 의미는 "(비판이) 어떤 사람이 말한 것이 아니라 그 <u>사람에게 향하는</u>" 혹은 "(주장 혹은 반응이) 어떤 사람이 유지하고 있는 입장이 아니라 그 <u>사람에게 향하는</u>"이다.[92] 결국 상대방이 제시한 주장 그 자체의 내용에 대한 공격이 아니라 상대방의 성격, 동기, 혹은 다른 특징 등에 대한 공격

---

92. The term *'Ad Hominem'* refers to "(of a criticism, etc.) <u>directed against a person</u>, rather than against what that person says" (Cambridge Dictionary) or "(of an argument or reaction) <u>directed against a person</u> rather than the position they are maintaining" (Google Dictionary) (Underline Added).

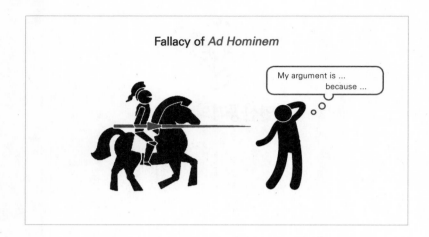

Fallacy of *Ad Hominem*

My argument is ...
because ...

즉, 그 사람 자체를 공격하는 논리 전개가 인신공격의 오류이다.[93] 일상에서 흔히 목격하게 되는 '메시지'를 공격할 수 없을 때 '메신저'를 공격하는 것[94]이 이러한 오류이다.

예컨대, "지그문트 프로이트는 정신분석학이라는 새로운 학문 분야를 개척한 위대한 학자였습니다."라는 A의 주장에 대해 B가 "말도 안 됩니다! 그가 코카인 마약을 사용했다는 것은 잘 알려진 사실입니다."[95]라고 반박하는 것은 전형적인 인신공격의 오류이다. A의 주장은 '지그문트 프로이트가 위대한 학자였다.'라는 것이고, 그 이

---

93. '인신공격의 오류'에 해당하는 영어 표현은 다음과 같다: Fallacy of *Ad Hominem*, Fallacy of Attacking the Person, *Argumentum Ad Hominem*, Argument against the Person, Fallacy of Irrelevance, Abusive *Ad Hominem*, Name Calling, Verbal Abuse, Fallacy of Attacking the Messenger rather than the Message 등.

94. 비록 논리적 오류이기는 하지만, 일상에서 많이 사용하는 토론 기법 중 하나가 "When you can't debate the message, attack the messenger!" 즉, "메시지에 대해 토론할 수 없다면, 메신저를 공격하라!"이다. 만약 상대방이 이러한 기법을 사용한다면 당연히 독자 여러분은 '인신공격의 오류'라는 논리적 흠결을 지적해야 한다.

95. See Scott Oliver, "A Brief History of Freud's Love Affair with Cocaine", *Vice* (June 23, 2017).

유로 '정신분석학이라는 새로운 학문 분야의 개척'이라는 학문적 업적을 제시했다. 그런데 B는 A의 주장에 직접적으로 반박하는 대신, '그는 코카인 마약을 사용했다.'라는 사실을 근거로 그 사람 자체 혹은 그 사람의 도덕성에 대해 공격하는 논리 전개를 했다. 얼핏 보면 마치 B가 A의 주장에 반박한 것처럼 보이지만, 이것은 논쟁의 핵심을 비켜 간 인신공격의 오류에 불과하다.

다음으로, "기후변화에 맞서기 위해 온실가스 배출에 세금을 부과해야 합니다."라는 A의 주장에 대해 B가 "세금? 말도 안 됩니다! 작년에 당신이 탈세를 해서 기소당하지 않았습니까!"라고 반박하는 것도 인신공격의 오류이다. A의 주장은 '온실가스 배출에 대한 세금 부과'이고 그 이유로 기후변화에 맞서야 함을 제시했다. 즉, B가 반박해야 하는 A 주장의 핵심은 바로 '온실가스 배출에 대한 세금 부과'이다. 그런데 B는 A의 주장에 직접적으로 반박하는 대신, '탈세

" It is curious that the man who wrote a book, *Capitalism and Freedom*, to drive
home the argument that only classical economic liberalism can support
political democracy can now so easily disentangle economics
from politics when the economic theories he advocates coincide with an
absolute restriction of every type of democratic freedom. "

Orlando Letelier

를 해서 기소당했다.'라는 사실을 근거로 그 사람 자체 혹은 그 사람
의 도덕성에 대해 공격하는 논리 전개를 했다. 얼핏 보면 마치 B가
A의 주장에 반박한 것처럼 보이지만, 이것 또한 논쟁의 핵심을 비켜
간 인신공격의 오류에 불과하다.

　　인신공격의 오류를 보여 주는 역사적 사례 중 하나는 신자유주
의를 비난할 때 자주 등장하는 밀턴 프리드먼에 대한 도덕적 공격이
다. 즉, 민주적으로 선출된 칠레의 아옌데[96] 정권을 군사 쿠데타로 무
너트리고 1973년 집권했던 피노체트 정권에 대한 경제 정책 자문의
역할을 밀턴 프리드먼을 포함한 신자유주의 경제학자들이 담당했었
다는 역사적 사실을 근거로 '시장의 온전함'을 내세우는 신자유주의
자체를 비난하는 것이다. 예컨대, 아옌데 정권에서 칠레의 외교, 내
무, 국방 장관을 연속적으로 역임했었던 올랜도 레테리어는 자본주
의 즉, 경제적 자유주의가 정치적 민주주의를 만들어 낸다고 주장했

---

96. 1970년부터 1973년까지 칠레의 대통령이었던 Salvador Allende는 라틴 아메리카에서 선거를 통해 대통령
직에 오른 최초의 마르크스주의자였다. 그러나 사유재산의 몰수 등의 정책으로 인해 1973년 8월 칠레 상원은 아옌데
정권을 "불법"으로 선언했다. 결국 1973년 9월 Augusto Pinochet 장군이 주도한 군사 쿠데타로 인해 아옌데 정권은
무너졌다. See "1973 Chilean Coup d'état", Wikipedia.

었던 밀턴 프리드먼이 피노체트 독재정권에 협력함으로써 칠레의 민주주의를 무너트렸다고 비난했다.[97]

밀턴 프리드먼이 제안했던 '개인의 자유'와 '시장의 온전함'을 기반으로 하는 신자유주의 정책이 칠레의 민주주의에 어떤 영향을 미쳤는지에 대한 논의[98]가 필요함에도 불구하고, '독재자 피노체트에 부역한 밀턴 프리드먼'이라는 다소 감정적인 인신공격이 비난의 주를 이루는 것은 논증의 측면에서 문제가 있다. 한편, 밀턴 프리드먼은 이러한 비난에 대해 다음과 같이 반박했다. "칠레의 권위주의 정치체제에 대한 엄청난 개인적 반감에도 불구하고, 나는 경제학자가 칠레 정부에 대해 기술적인 경제적 조언을 제공하는 것이 사악하다고 생각하지는 않는다. 의사가 전염병을 없애기 위해 칠레 정부에 대해 기술적인 의학적 조언을 제공하는 것에 대해 내가 사악하다고

---

97. 직역하면 "단지 고전적인 경제적 자유주의만이 정치적 민주주의를 뒷받침할 수 있다라는 주장을 담고 있는 책 『자본주의와 자유』를 저술했던 사람(즉, Milton Friedman)이, 자신이 지지하는 경제 이론이 모든 형태의 민주적 자유에 대한 절대적 제한을 만들어 내고 있는 지금은 경제와 정치를 너무나도 쉽게 분리할 수 있다는 사실이 기이하다."이다. See Orlando Letelier, "The 'Chicago Boys' in Chile: Economic Freedom's Awful Toll", *The Nation* (September 21, 2016). 한편, 시카고대학교의 경제학 교수였던 밀턴 프리드먼을 중심으로 하는 신자유주의자들을 흔히 '신자유주의 경제학파', '신고전주의 경제학파', '시카고 경제학파'라고 부른다. 위 논문 제목의 'Chicago Boys'가 바로 이들을 지칭하는 표현이다.

98. 자유주의의 기본적 주장 중 하나는 '경제적 자유(Economic Freedom) 즉, 자본주의(Capitalism)가 정치적 자유(Political Freedom) 즉, 민주주의(Democracy)에 기여한다.'라는 것이다. 예컨대, 캘리포니아대학교 샌디에고의 Erik Gartzke 교수는 '자본주의가 민주주의를 만들어 내고 궁극적으로 자본주의와 민주주의를 따르는 국가들 간에는 전쟁이 일어나지 않는다.'라고 주장하며 소위 '자본가 평화'라는 새로운 개념을 제시했다. See Erik Gartzke, "The Capitalist Peace", *American Journal of Political Science*, Vol. 51, No. 1 (January 2007), pp. 166-191.

생각하지 않는 것과 마찬가지이다."[99]

99. 원문은 다음과 같다: "In spite of my profound disagreement with the authoritarian political system of Chile, I do not consider it as evil for an economist to render technical economic advice to the Chilean Government, any more than I would regard it as evil for a physician to give technical medical advice to the Chilean Government to help end a medical plague." See Milton Friedman, "Milton Friedman Replies: Advising Chile", *Newsweek* (June 14, 1976).

2.05.

순환논증의 오류

논리적 증명을 위해 극복해야 하는 논리적 오류의 대표적 유형 다섯 번째는 '순환논증의 오류'이다. "A가 참이기 때문에 B가 참이다. B가 참이기 때문에 A가 참이다." 혹은 "만약 A가 참이라면 B는 참이다. 만약 B가 참이라면 A는 참이다."와 같은 논리 전개는 그저 '전제'와 '결론' 간의 끊임없는 순환만을 보여 준다. 따라서 A와 B 그 어떤 것도 참인지 여부를 논리적으로 증명할 수는 없다. 결국 순환논증이란 "도달하고자 하는 결론에서 논리적 증명을 시작하는 것"[100] 혹은 논리적으로 증명하고자 하는 결론을 전제로 사용하여 논증하

---

100. The term 'Circular Reasoning' refers to "a logical fallacy in which the reasoner begins with what they are trying to end with". See "Circular Reasoning", Wikipedia.

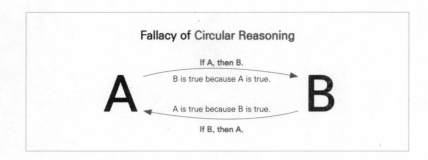

Fallacy of Circular Reasoning

If A, then B.
B is true because A is true.

A is true because B is true.
If B, then A.

는 오류이다.[101] 즉, 논리적 증명에 있어 '전제'와 '결론' 간에 지속적인 순환이 있기에 사실상 그 어떤 것도 논증되지 못하는 상황에 처하는 것이 순환논증의 오류이다.

예컨대, "폭력적인 사람들은 폭력적인 영화를 보는 것을 좋아한다."라는 전제를 근거로 "폭력적인 영화는 사람들을 폭력적으로 만든다."라는 결론에 도달한 것은 전형적인 순환논증의 오류이다. 위 주장에는 분명한 결론과 '왜냐하면'으로 시작하는 근거가 담겨 있기 때문에, 얼핏 보면 논리적 증명이 성공한 것처럼 보인다. 즉, "폭력적인 영화는 사람들을 폭력적으로 만든다."라는 분명한 결론과 그러한 결론을 뒷받침해 주는 "왜냐하면 폭력적인 사람들은 폭력적인 영화를 보는 것을 좋아하기 때문이다."라는 근거가 제시되었다. 그러나 문제의 핵심은 결론과 전제 간에 지속적인 순환이 있을 뿐, 결론을 논리적으로 증명할 수 있는 적절한 근거가 결코 제시되지 않

---

101. '순환논증의 오류'에 해당하는 영어 표현은 다음과 같다: Fallacy of Circular Reasoning, Circle in Proving, Circular Logic, Begging the Question, Assuming the Conclusion, *Circulus in Probando*, *Assumptio Non Probata*, *Hysteron Proteron*, *Petition Principii* 등.

Premise   Violent people like to watch violent movies.
Conclusion   Violent movies cause people to be violent.

Violent movies cause people to be violent,
        because violent people like to watch violent movies.

Premise   Ronald Reagan was good at communicating
                    effectively with the general public.
Conclusion   Ronald Reagan was a great communicator.

Ronald Reagan was a great communicator
        because he was good at communicating
                effectively with the general public.

았다는 것이다.

다음으로, "로널드 레이건은 일반 대중들과 효과적으로 의사소통하는 것에 능숙했다."라는 전제를 근거로 "로널드 레이건은 위대한 의사소통가였다."라는 결론에 도달한 것 또한 전형적인 순환논증의 오류이다. 위 주장에는 분명한 결론과 '왜냐하면'으로 시작하는 근거가 담겨 있다. 즉, "로널드 레이건은 위대한 의사소통가였다."라는 결론과 그것을 뒷받침해 주는 "왜냐하면 그는 일반 대중들과 효과적으로 의사소통하는 것에 능숙했기 때문이다."라는 근거가 제시되었다. '왜냐하면'이라는 표현 때문에 얼핏 보면 적절한 근거가 제시된 것처럼 보인다. 그러나 문제는 결론과 전제 간에 지속적인 순환이 있을 뿐, 결코 결론을 논리적으로 뒷받침할 수 있는 적절한 근거가 제시되지는 못했다는 것이다.[102]

순환논증의 오류를 보여 주는 역사적 사례 중 하나는 2017년 2월 '러시아의 미국 대통령 선거 개입 의혹'을 지속적으로 제기했던 언론 매체들을 향해 퍼부었던 제45대 미국 대통령 도널드 J. 트럼프의 비난이다. 직역하면 "솔직하게 말해, 저는 정치적 언론 매체보다 더 정직하지 못한 언론 매체를 본 적이 없습니다. 그 뉴스는 가짜입니다. 왜냐하면 그 뉴스의 상당 부분이 가짜이기 때문입니다."이다.[103] 즉, 트럼프는 당시 자신에게 정치적으로 불리한 뉴스를 모두 '가짜 뉴스'[104]라고 결론을 내리고, 그 근거로 '그 뉴스의 상당 부분은

---

102. 특히 이 예시에 제시된 근거는 결론의 "위대한 의사소통가"의 내용을 다시 한 번 더 다른 말로 표현한 것에 불과하다. 마치 "나는 위대한 의사소통가입니다. 왜냐하면 나는 위대한 의사소통가이기 때문입니다."라고 말하는 것과 동일한 논리 전개이다. 이것은 'Paraphrasing' 즉, '말 바꿔 설명하기'에 불과하지 결코 논리적 증명이 아니다.

103. See Stephen Collinson, "An Amazing Moment in History: Donald Trump's Press Conference", *CNN* (February 16; 2017).

104. '가짜 뉴스'는 'Fake News'를 번역한 표현이다. Donald J. Trump가 미국 대통령으로 취임한 이후 미국은 물론 전세계적으로 가장 유행했던 단어가 바로 '가짜 뉴스'이다. Trump는 언론 매체가 전달하는 정보의 신뢰성을 부정하고 자신에게 유리한 방향으로 여론을 움직이기 위한 'Propaganda' 즉, '정치적 선전'의 도구로 '가짜 뉴스'라는 용어를 활용했다. See Nate Rattner, "Trump's Election Lies Were Among His Most Popular Tweets", *CNBC* (January 13, 2021).

가짜'라는 전제를 제시했다. 결국 결론과 전제 간에 지속적인 순환이 있을 뿐, 결코 결론을 논리적으로 증명하는 적절한 근거를 제시하지 못한 순환논증의 오류를 저지른 것이다.

심지어 트럼프는 2017년 트위터를 통해 소위 '가짜 뉴스 트로피'라는 상을 제정하자고 다음과 같이 제안하기도 했다. "우리는 어떤 언론 매체(CNN은 포함, Fox는 제외)가 가장 정직하지 못하고, 부패했으며, 여러분이 가장 좋아하는 대통령(나)에 대해 왜곡된 정치 뉴스를 만들어 내는지를 겨루는 대회를 개최해야 합니다. 그 언론 매체들은 모두 나쁩니다. 우승자는 가짜 뉴스 트로피를 받을 겁니다!"[105] 이후 2018년 1월 17일 미국 공화당 웹사이트에 '가짜 뉴스 트로피' 수상자 명단이 발표되기도 했다.[106] 결국 2020년 대통령 선거에서 패배한 트럼프는 '부정 선거'라는 또 다른 가짜 뉴스를 퍼트리고 시위대의 미국 의회 점거라는 초유의 사태를 선동했다는 비난을 받으며 대통령 직에서 물러났다.[107]

---

105. 원문은 다음과 같다: "We should have a contest as to which of the Networks, plus CNN and not including Fox, is the most dishonest, corrupt and/or distorted in its political coverage of your favorite President (me). They are all bad. Winner to receive the FAKE NEWS TROPHY!" See Donald J. Trump [@realDonaldTrump] (November 27, 2017); and Forefront Books, *The Tweets of President Donald J. Trump: The Most Liked and Retweeted Tweets from the Inauguration through the Impeachment Trial* (Forefront Books, 2020), p. 90.

106. CNN, The New York Times, The Washington Post, ABC News, Newsweek, Time 등의 주요 언론 매체를 통해 전달된 보도 및 논설을 가짜 뉴스로 명시했다. See "Fake News Awards", Wikipedia.

107. See Maeve Reston and Kevin Liptak, "The Day America Realized How Dangerous Donald Trump Is", *CNN Politics* (January 9, 2021).

논리적 증명에 있어
'전제'와 '결론' 간에 지속적인 순환이 있기에
사실상 그 어떤 것도 논증되지 못하는 상황에 처하는 것이
순환논증의 오류이다.

2.06.

붉은 청어의 오류

논리적 증명을 위해 극복해야 하는 논리적 오류의 대표적 유형 여섯 번째는 '붉은 청어의 오류'이다. 원래 청어는 한류성 어종으로 등쪽은 암청색, 배쪽은 은백색인 등푸른 생선의 한 종류이다.[108] "연기로 인해 붉은색으로 변한 건조된 훈연 청어"를 특별히 '붉은 청어'라고 부른다.[109] 한편, '붉은 청어'의 비유적 의미는 "고려 중인 중심 쟁점으로부터 사람들의 관심을 다른 곳으로 돌리는 사실, 생각 또는 주제" 혹은 "오도하거나 관심을 다른 곳으로 돌릴 의도를 가진 그 무

---

109. The term 'Red Herring' refers to "a dried smoked herring, which is turned red by the smoke". Google Dictionary.

엇, 특히 단서"이다.[110] 1807년 영국의 논객 윌리엄 코벳의 이야기[111]로 인해 더욱 유명해진 '붉은 청어'라는 용어는 결국 연관성[112]이 결여된 이야기로 관심과 주의를 전환시키는 방식의 논리 전개에서 발생하는 논리적 오류를 지칭한다.[113]

예컨대, "당신은 항상 건강의 중요성에 대해 말합니다. 냉장고에 있는 것과 같은 영양가 없는 정크 푸드를 다시는 구매하지 마세요."라는 A의 주장에 대해 B가 "그 통조림 식품들은 정말 맛있습니

---

110. The term 'Red Herring' refers to "a fact, idea or subject that <u>takes</u> people's <u>attention away</u> from the central point being considered" (Cambridge Dictionary) or "something, especially a clue, that is or is intended to be <u>misleading</u> or <u>distracting</u>" (Google Dictionary) (Underline Added).

111. '지독한 냄새가 나는 훈연 청어를 활용하여 토끼를 뒤쫓던 사냥개들의 관심과 주의를 다른 곳으로 돌렸다.'라는 William Cobbett의 이야기로 인해 'Red Herring'이라는 용어가 대중화되었다. See "Red Herring" and "William Cobbett", Wikipedia.

112. 논리적 증명의 본질 중 하나인 '연관성 평가' 관련 자세한 내용은 "4.03. 연관성 평가와 균형성 평가" 참고.

113. '붉은 청어의 오류'에 해당하는 영어 표현은 다음과 같다: Fallacy of Red Herring, *Ignoratio Elenchi*, An Ignorance of Proof, Fallacy of Avoiding the Issue, Question Dodging, Fallacy of Misdirection 등.

다. 더욱이 오늘 월마트에서 그 통조림 식품들이 할인 판매 중입니다.”라고 반박하는 것은 전형적인 붉은 청어의 오류이다. A의 주장은 ‘정크 푸드를 구매하지 말라.’라는 것이고 그 근거로 ’당신이 항상 건강의 중요성을 말한다.’라는 사실을 제시했다. 그런데 B는 ‘건강’과 관련한 A의 주장에 직접적으로 대응하는 대신, ‘맛’과 ‘할인 판매’라는 연관성이 결여된 대답을 했다. 결국 이것은 논란의 핵심 즉, 논쟁로부터 벗어나 연관성이 결여된 전혀 다른 문제로 관심과 주의를 전환시키는 붉은 청어의 오류에 불과하다.

다음으로, “저는 월급으로 2,000달러를 벌고 있습니다. 제 월급으로 생활하는 것은 매우 힘듭니다.”라는 A의 주장에 대해 B가 “절대빈곤에 시달리는 사람들을 생각해 보세요! 그들은 하루에 1.90달러 미만으로 생활하고 있습니다.”라고 반박하는 것도 붉은 청어의 오류이다. A의 주장은 ‘2,000달러 월급으로는 생활하기 어렵다.”라는 것이다. 그런데 B는 A의 주장에 직접적으로 대응하는 대신, "하루 1.90달러 미만으로 생활하는 절대빈곤에 시달리는 사람들을 생각해 보라."라는 연관성이 결여된 대답을 했다. 이것은 'A의 월급으로 생활하는 것이 과연 어려운 일인지'에 대한 논쟁으로부터 벗어나 연관성이 결여된 '절대빈곤'[114]이라는 전혀 다른 문제로 관심과 주의를 전환시키는 붉은 청어의 오류에 불과하다.

> " This is a law that will block the flow of South Korea's great values, the spirit of democracy, freedom and equality. "
>
> Thae Yong-ho
>
> " Balloon activities can provoke military action which can be easily escalated to local war or even full-scale war. "
>
> Song Young-gil

붉은 청어의 오류를 보여 주는 역사적 사례 중 하나는 2020년 12월 14일 대한민국 국회를 통과한 소위 '대북전단금지법' 즉, '남북관계발전에관한법률 개정안'[115]과 관련한 논쟁에서 확인할 수 있

---

114. '절대빈곤'은 'Absolute Poverty' 혹은 'Extreme Poverty'를 번역한 표현이다. 경제개발과 빈곤문제 해결을 목표로 설립된 세계은행(World Bank)이 제시하는 절대빈곤의 기준이 하루 (2011년 물가 기준) 1.90달러 미만으로 생존하는 상태이다. See "Extreme Poverty" Wikipedia.

115. 개정안의 주요 내용은 다음과 같다: (1) 군사분계선 일대에서 북한에 대한 확성기 방송, 게시물 게시, 전단 살포의 금지, (2) '전단'이란 광고선전물, 인쇄물, USB 보조기억장치는 물론이고 금전 또는 그 밖의 재산상 이익을 뜻함, (3) '살포'란 선전, 증여를 목적으로 이를 정부의 승인 없이 북한에 보내는 행위를 뜻하고, 제3국을 거쳐서 보내는 행위도 포함됨, (4) 위반할 경우 3년 이하의 징역 또는 3천만원 이하의 벌금.

다. 개정안을 반대하는 쪽에서는 대한민국 국민의 '표현의 자유'와 북한 주민의 '인권 개선'이라는 가치를 내세워 대북전단을 법률로 금지하는 것은 잘못되었다고 비판했다. 예컨대, 북한 외교관 출신 탈북자인 태영호 의원은 "법률 개정안은 대한민국의 위대한 가치인 민주주의, 자유 그리고 평등의 정신이 (북한으로) 흘러가는 것을 방해하는 것이다."라고 주장했다.[116] 이에 더해, 미국, 영국 등 여러 국가의 정부 및 의회도 민주주의와 북한 인권의 측면에서 개정안에 대한 우려의 목소리를 한국 정부에 전달했다.[117]

이에 반해, 개정안을 찬성하는 쪽에서는 대북전달 살포가 북한을 자극하여 원치 않는 무력 충돌이 한반도에서 벌어질 수 있다는 우려를 제기했다. 예컨대, 개정안의 대표 발의자인 송영길 의원은 "풍선을 통한 대북전단 살포는 국지적 전쟁 혹은 심지어 전면적 전쟁으로 쉽게 악화될 수 있는 (북한의) 군사 조치를 자극할 수 있다."라고 주장했다.[118] 물론 이러한 주장에 동의할지 여부는 각자의 관점과 가치에 따라 얼마든지 다를 수 있다. 다만, 개정안을 찬성하는 사람들에 대해 붉은 청어의 오류라는 비판이 제기될 수 있다. 즉, '표현의 자유'와 '북한 인권'이라는 논쟁의 핵심을 비켜나가 '전쟁'과 '무

---

116. See Hyung-jin Kim, "Amid Free Speech Concerns, South Korea Bans Sending Leaflets Via Balloon to North Korea", *The Diplomat* (December 15, 2020).

117. 이정은, "美의회 인권기구 "한국 대북전단금지법, 어리석은 입법"", 동아일보 (2020년 12월 14일) 및 김은중, "영국까지 튄 전단금지법 파문 ⋯ 민주당 "내정간섭 말라"", 조선일보 (2020년 12월 21일) 참고.

118. See Jason Strother, "Seoul Bans Anti-North Korea Leaflet Drops", *Voice of America News* (December 15, 2020).

력충돌'이라는 다른 주제로 관심과 주의를 전환시키는 논리 전개를

하고 있다는 비판이다.[119]

119. 북한의 독재와 인권 문제를 지적하는 사람들에 대해 반대 의견을 제시하는 측에서 종종 제기하는 반박 중 하나가
"그럼 전쟁하자는 것입니까?"라는 것이다. 이것은 전형적인 붉은 청어의 오류이다. 한편, 독재와 인권 문제에서
북한의 입장을 옹호하는 측에서 자주 쓰는 용어 중 하나가 자신들은 '평화 세력'이고 상대방은 '전쟁 세력'이라고
구분하는 것이다. 여기에서 한 걸음 더 나아가 '전쟁과 평화 중 하나를 선택하라!'고 일반 대중들을 압박하기도 한다.
이러한 논리 전개는 전형적인 이분법의 오류이다. 자세한 내용은 "2.01. 이분법의 오류" 참고.

2.07.

연민에 호소하는 오류

논리적 증명을 위해 극복해야 하는 논리적 오류의 대표적 유형 일곱 번째는 '연민에 호소하는 오류'이다. 고대 그리스의 철학자 아리스토텔레스는 설득을 위한 기술적 방법 3가지로 이성, 감성 그리고 인격을 제시했다.[120] 이 중에 '감성' 즉, '말을 듣는 사람의 감정 상태에 호소'함으로써 설득하는 방법과 밀접하게 관련된 것이 바로 연민에 호소하는 오류이다. 때때로 감성과 연민에 호소하는 방법이 강한 설득력을 가질 수 있다는 것은 분명하다. 다만, 그 과정에서 벌어지는 논리적 오류의 문제는 반드시 지적해야 한다. 결국 연민 혹은 죄책감과 같은 상대방의 감정을 부당하게 이용하여 자신의 주장이

---

120. See Aristotle, *supra* note 16. '감성(*Pathos*)'에 호소하는 방법 이외에 '이성(*Logos*)' 즉, '주장 그 자체에 담긴 논리'로 설득하는 방법과 '인격(*Ethos*)' 즉, '말하는 사람의 인격에 대한 신뢰'를 기반으로 설득하는 방법도 있다. 논리적 증명과 관련된 설득이 바로 이성에 호소하는 방법이다. 자세한 내용은 "1.01. 논리, 논증, 그리고 설득" 참고.

나 생각에 대한 지지를 이끌어 내는[121] 방식의 논리 전개에서 발생하는 문제가 연민에 호소하는 오류이다.[122]

　예컨대, "그는 그의 부인을 칼로 살해했습니다. 그는 (살인죄) 유죄이며 처벌 받아야 합니다."라는 A의 주장에 대해 B가 "당신은 그 사람을 살인자라고 비난하면 안 됩니다. 그 사람이 감옥에 있는 것을 바라봐야 하는 그 사람의 불쌍한 어머니를 생각해 보세요!"라고 반박하는 것은 전형적인 연민에 호소하는 오류이다. A의 주장은 '그 사람이 유죄이고 처벌 받아야 한다.'라는 것이고 그 근거로 '그 사람이 살인을 저질렀다.'라는 사실을 제시했다. 그런데 B는 이러한

---

121. The term 'Appeal to Pity' refers to "a fallacy in which someone tries to win support for an argument or idea by exploiting his or her opponent's <u>feelings of pity or guilt</u>" (Underline Added). See "Appeal to Pity", Wikipedia.

122. '연민에 호소하는 오류'에 해당하는 영어 표현은 다음과 같다: Fallacy of Appealing to Pity, Fallacy of Appealing to Emotion, *Argumentum Ad Misericordiam*, Sob Story, Galileo Argument 등.

Person-A: He killed his wife with the knife.
He is guilty of murder and must be punished.

Person-B: You should not blame him as a murderer. Think of
his poor mother's heart to see him in jail!

Person-A: Sam must be elected as our class president
because he has outstanding leadership.

Person-B: No way! Tom must be elected as class president!
Sadly, he has been diagnosed with cancer recently.

A의 주장에 직접적으로 반박하는 주장과 근거를 제시하는 대신, '불쌍한 어머니의 마음'을 언급하며 그 사람을 살인자라고 부르지 말아야 한다고 주장했다. 결국 이것은 논리적 증명이 아닌 상대방의 연민에 호소하는 논리적 오류에 불과하다.

다음으로, "샘이 학급 반장으로 선출되어야 합니다. 왜냐하면 샘은 뛰어난 리더십을 가지고 있기 때문입니다."라는 A의 주장에 대해 B가 "말도 안 됩니다. 탐이 학급 반장으로 선출되어야 합니다. 슬프게도 탐은 최근 암 진단을 받았습니다."라고 반박하는 것 또한 연민에 호소하는 오류이다. A의 주장은 '샘이 학급 반장이 되어야 한다.'라는 것이고 그 근거로 '샘의 뛰어난 리더십'을 제시했다. 그런데 B는 '탐이 학급 반장이 되어야 한다.'라는 반론을 제기하면서도 그것을 뒷받침할 수 있는 아무런 합리적 근거를 제시하지 못했다. 단지, B는 '최근 탐이 암 진단을 받았다.'라는 사실을 '슬프게도'라는

> " You have stolen my dreams and my childhood with your empty
> words. People are suffering. People are dying. Entire ecosystems are
> collapsing. We are in the beginning of a mass extinction, and all
> you can talk about is money and fairy tales of eternal economic growth. "
>
> Greta Thunberg

감정에 담아 전달했을 뿐이다. 결국 이것은 논리적 증명이 아닌 연민에 호소하는 논리적 오류에 불과하다.

연민에 호소하는 오류를 보여 주는 역사적 사례 중 하나는 기후변화 논쟁에서 확인할 수 있다. 예컨대, 지구온난화 문제를 다룬 『불편한 진실』이라는 책[123]과 영화를 제작한 제45대 미국 부통령 앨고어는 '한 마리의 불쌍한 북극곰' 이미지를 활용하여 전세계적 주목을 받았다.[124] 즉, '너무나도 불쌍하게 보이는 북극곰 한 마리가 절박하게 한 조각의 얼음 위에 올라가려 하는데 그것마저 부서져 버리는 상황'을 보여줌으로써, 지구온난화의 위험성과 이산화탄소의 배출을 줄여야 한다는 메시지를 감성에 호소하는 방법으로 전달했

---

123. See Al Gore, *An Inconvenient Truth: The Planetary Emergency of Global Warming and What We Can Do About It* (Rodale Books, 2006); and Al Gore, *An Inconvenient Truth: The Crisis of Global Warming* (Viking Books for Young Readers, 2007).

124. '불편한 진실'이라는 제목의 책과 애니매이션 영화의 대중적 성공은 Al Gore에게 엄청난 정치적 영향력과 'Environmentalist' 즉, '환경론자'라는 긍정적 이미지를 가져다 주었다. 이러한 대중적 인기를 배경으로 Al Gore는 2000년 미국 대통령 선거에 민주당 후보로 출마했다. 물론 선거 결과 공화당 George W. Bush 후보에게 아쉽게 패배했다. 한편, Al Gore가 '불편한 진실'이라는 제목의 책과 영화를 만든 진짜 목적은 '지구온난화 문제의 해결'이 아니라 결국 '미국 대통령 당선'이라는 개인의 정치적 야망을 달성하는 것이었다는 비난도 일부에서 제기되었다. 물론 이러한 비난에 대해 '인신공격의 오류'라는 비판이 제기될 수 있다.

다.[125] 또한 2019년 뉴욕시 소재 UN 본부에서 진행된 당시 16세 스웨덴 소녀 그레타 툰베리의 슬픔 가득한 표정의 기후변화 관련 연설도 동일한 맥락에서 이해할 수 있다.[126]

한편, 기후변화 문제를 감성에 호소하는 것에 대한 다양한 반론이 과학적 근거와 함께 제기되고 있다. 예컨대, 지질학자인 그레고리 라이트스톤은 (앨 고어의 책 제목을 패러디한)『불편한 사실』이라는 제목의 책을 통해 과학적 반론을 제기했다.[127] 심지어 기후변화에 대한 경고가 지나치게 과장되었기에, 지금 식혀야 하는 것은 '뜨거워진 지구'가 아니라 '지구온난화에 대한 히스테리'라는 주장도 있다.[128] 또한 지구온난화를 인정하는 경우에도, 이산화탄소 배출의 감소가 해결책이 될 수 없다는 반론도 제기된다. 즉, 대기 중 '이산화탄소의 증가'와 '지구의 평균 온도 상승'의 관계는 인과관계가 아니라 단순한 상관관계에 불과하기에 이산화탄소 배출의 감소를 통해

---

125. See "Al Gore's Polar Bear", *Youtube* (June 27, 2009).

126. 직역하면 "당신들은 당신들의 공허한 말로 나의 꿈과 나의 어린 시절을 도둑질했습니다. 사람들이 고통당하고 있습니다. 사람들이 죽어 가고 있습니다. 전체 생태계가 무너지고 있습니다. 우리는 지금 대량 멸종의 시작 시점에 있습니다. 당신들이 말할 수 있는 모든 것은 고작 돈과 영원한 경제 성장이라는 요정 이야기뿐입니다."이다. See Greta Thunberg, "Transcript: Speech at the UN Climate Action Summit", *NPR Environment* (September 23, 2009).

127. See Gregory Wrightstone, *Inconvenient Facts: The Science that Al Gore Doesn't Want You to Know* (Silver Crown Productions, 2017).

128. See Syun-Ichi Akasofu, "Aftermath of Global Warming Hysteria", *Energy & Environment*, Vol. 21, No. 6 (2010). 심지어 'Global Warming'이 아닌 'Global Cooling'을 예견하는 과학적 주장도 있다. See James Murphy, "NASA Sees Climate Cooling Trend Thanks to Low Sun Activity", *The New American* (October 1, 2018).

지구온난화를 막을 수 없다는 주장이다.[129]

---

129. 지금까지 과학적으로 관측된 사실은 지난 100여년 동안 대기 중 이산화탄소의 잔존량이 증가했다는 것과 지구의 평균 온도가 상승했다는 것이다. 다만, 이 둘의 관계가 과연 인과관계(Causation)인지 혹은 상관관계(Correlation)인지를 보여 주는 과학적 근거는 여전히 불충분하다. 한쪽에서는 'Principle of Sufficient Scientific Evidence', 즉, '충분한 과학적 근거의 원칙'에 따라 아직 이사화탄소가 지구온난화의 원인이라는 충분한 과학적 근거가 부족하기에 이산화탄소를 규제하면 안된다고 주장한다. 이에 반해, 반대 쪽에서는 'Principle of Precautionary Approach' 즉, '사전예방적 접근의 원칙'에 따라 비록 인과관계를 보여 주는 과학적 근거가 불충분하다고 할지라도 사전예방 차원에서 일단 이산화탄소에 대한 규제를 시작해야 한다고 주장한다. 이상혁, *supra* note 65, p. 208~215 참고.

2.08.

권위에 호소하는 오류

논리적 증명을 위해 극복해야 하는 논리적 오류의 대표적 유형 여덟 번째는 '권위에 호소하는 오류'이다. 한국어 '권위'의 의미는 "남을 지휘하거나 통솔하여 따르게 하는 힘"이다.[130] 영어 'Authority'는 "통제할 수 있는 도덕적[131]·법적 권리·능력" 혹은 "명령을 내리고, 의사결정을 하며, 복종을 강요할 수 있는 힘·권리"를 의미한다.[132] 결국 특정 주제에 대한 권위자의 의견이 주장을 뒷받침

---

130. 국립국어원 표준국어대사전.

131. '도덕적 권위'에 호소하는 경우는 Aristotle이 설명한 3가지 설득 방법 중 '인격(*Ethos*)' 즉, '말하는 사람의 인격에 대한 신뢰'를 기반으로 설득하는 것과 관련이 있다. 자세한 내용은 "1.01. 논리, 논증, 그리고 설득" 참고.

132. The term 'Authority' refers to "the moral or legal right or ability to control" (Cambridge Dictionary) or "the power or right to give orders, make decisions, and enforce obedience" (Google Dictionary) (Underline Added).

하는 증거로 사용되는 방식[133]의 논리 전개에서 발생하는 문제가 권위에 호소하는 오류이다.[134] 다만, 권위자의 신뢰성에 대해 모든 논의 당사자들이 동의하는 경우 권위자의 의견은 설득력있는 근거로 간주될 수도 있다.[135] 그러나 오직 권위자의 의견만이 주된 근거라면 여전히 논리적 오류라는 비판을 피하기 어렵다.

예컨대, "하나님은 과연 존재합니까?"라는 A의 질문에 대해 B

---

133. The term 'Argument from Authority' refers to "a form of argument in which the opinion of an authority on a topic is used as evidence to support an argument" (Underline Added). See "Appeal to Authority", Wikipedia.

134. '권위에 호소하는 오류'에 해당하는 영어 표현은 다음과 같다: Fallacy of Appealing to Authority, Argument from Authority, *Argumentum Ab Auctoritate*, *Argumentum Ad Verecundiam* 등.

135. 특히 과학의 영역에서는 권위에 호소하는 오류에 대해 매우 민감하다. 왜냐하면 과학적 지식은 오로지 증거와 실험에 의해서만 확립될 수 있기 때문이다. 이와 관련하여 『코스모스』의 저자 Carl Sagan은 다음과 같이 말했다: "과학의 위대한 계명 중 하나는 "권위자의 주장을 의심하라!"라는 것이다. …… 너무나도 고통스럽게도 수많은 권위자들의 주장이 틀린 것으로 판명되어 왔다. …… 다른 모든 사람들과 마찬가지로 권위자들도 자신들의 주장을 반드시 증명해야만 한다." See Carl Sagan, *The Demon-Haunted World: Science as a Candle in the Dark* (Ballantine Books, 1997), p. 28.

Person-A:	Does God exist?
Person-B:	Of course, yes. Einstein was genius and awarded Ph.D. at the age of 26. He said "God does not play dice with the universe." Therefore, God must exist.

Person-A:	Nuclear energy is cheap, safe and clean. Therefore, it is necessary to maintain nuclear power plants.
Person-B:	All nuclear power plants must be shut down step by step because President decided to do so.

가 "당연히 하나님은 존재합니다. 아인슈타인은 천재였고 26살에 박사학위를 받았습니다. 그가 "하나님은 우주를 가지고 주사위 놀이를 하지 않는다."라고 말했습니다. 따라서 하나님이 존재하는 것은 틀림없습니다."라고 대답하는 것은 전형적인 권위에 호소하는 오류이다. B의 주장은 '하나님이 존재한다.'라는 것이다. 그런데 B는 자신의 주장을 뒷받침하는 근거로 오직 '천재이자 박사인 아인슈타인이라는 권위자의 의견'만을 제시하는 오류를 저질렀다. 더욱 심각한 문제는 아인슈타인은 '물리학'이라는 특정 분야에서 천재이자 박사로 권위를 인정받을 뿐 '신학' 혹은 '철학'이라는 분야에서는 그 권위를 인정받지도 못한다는 것이다.

다음으로, "핵에너지는 가격이 싸고, 안전하며, 깨끗합니다. 따라서 원자력 발전소를 유지하는 것이 필요합니다."라는 A의 주장에 대해 B가 "모든 원자력 발전소는 단계적으로 폐쇄되어야 합니다. 왜냐하면 대통령께서 그렇게 결정하셨기 때문입니다."라고 반박하는 것 또한 권위에 호소하는 오류이다. A의 주장은 '원자력 발전소의 현행 유지'이고 그 근거로 '핵에너지의 경제성, 안전성, 친환경성'을 제시했다. 그런데 B는 '원자력 발전소의 단계적 폐쇄'라는 반론을 제기하면서도 자신의 주장을 뒷받침하는 근거로 오직 '최고의사결정권자인 대통령의 결정이라는 권위자의 의견'만을 제시했다. 결국 B의 이와 같은 주장은 논리적 증명이 아닌 권위에 호소하는 논리적 오류에 불과하다.

권위에 호소하는 오류를 보여 주는 역사적 사례 중 하나는 소위 '천동설'과 '지동설' 간의 논쟁에서 확인할 수 있다. 예컨대, 2세기 경 활약했던 그리스의 천문학자 클라우디우스 프톨레마이오스는 "지구는 우주의 중심이고 별들은 모두 우주의 중심으로부터 멀지 않은 거리에 있다."라고 주장했다.[136] 즉, 인간이 살고 있는 지구가 우

" The Earth is in the center of the universe and the stars are all at a modest distance from the center of the universe."

Claudius Ptolemy

" The Earth and the stars all revolved around the Sun."

Nicolaus Copernicus

" Yet the Earth moves." Galileo Galilei

---

136. See M. S. Mahoney, "Ptolemaic Astronomy in the Middle Ages", https://www.princeton.edu/~hos/mike/texts/ptolemy/ptolemy.html, accessed October 2021.

주의 중심이고 지구를 중심으로 태양과 별들이 움직인다는 '지구 중심적 우주관'[137]인 '천동설'을 제시했다. 이러한 지구 중심적 우주관에 대한 반론은 중세가 끝나고 16세기가 되어서야 제기되었다. 예컨대, 폴란드의 천문학자 니콜라우스 코페르니쿠스는 "지구와 별들이 모두 태양을 중심으로 움직인다."라는 '태양 중심적 우주관'[138]인 '지동설'을 제시했다.[139]

로마 카톨릭 교회는 논리적 증명이 아닌 '하나님과 교황의 신성한 권위'를 내세워 이러한 과학적 논쟁에 끼어들었다. 1616년 로마 카톨릭 교회는 태양 중심적 우주관을 이단 사상이라고 공식적으로 선언하고, 모든 관련 책들을 금서로 지정했다.[140] 즉, 태양 중심적 우주관을 견지하거나, 가르치거나, 변론하는 등의 행위 일체를 금지시켰다. 이러한 조치를 위반한 인물이 17세기 이탈리아의 천문학자 갈릴레오 갈릴레이였다. 그는 밀물과 썰물이라는 조수 현상이 지구가 움직이는 증거라고 주장했고, 태양 중심적 우주관을 암묵적으로

---

137. The term 'Geocentrism' refers to "the belief that the Earth is fixed at the center of the Universe". See "Geocentrism", Wikipedia.

138. The term 'Heliocentrism' refers to "the astronomical model in which the Earth and planets revolve around the Sun at the center of the Universe". See "Heliocentrism", Wikipedia.

139. See Matt Williams, "What Is the Heliocentric Model of the Universe?", *PHYS.ORG*. (January 5, 2016); and Nicolaus Copernicus, *De Revolutionibus Orbium Coelestium* (1543). 한편, Claudius Ptolemy가 제시했던 지구 중심적 우주관에서 Nicolaus Copernicus가 제시한 태양 중심적 우주관으로의 급격한 인식체계의 전환을 'Copernican Revolution' 즉, '코페르니쿠스적인 혁명'이라고 부른다. 한걸음 더 나아가 좀더 일반화된 의미로 급격한 인식체계의 전환을 흔히 'Copernican Paradigm Shift' 즉, '코페르니쿠스적인 인식체계의 전환'이라고 표현한다.

140. See John L. Heibron, *Galileo* (Oxford University Press, 2010), p. 218.

변호하는 책을 출판했다.[141] 결국 그는 1633년 로마 종교재판[142]에서 이단 사상으로 인한 무기징역형을 선고받았고, 1642년 사망할 때까지 가택연금을 당했다.[143]

---

141. See Galileo Galilei, *Dialogue Concerning the Two Chief World Systems* (Modern Library, originally printed in Italian in1632 and later translated into English in 2001). 이 책은 1633년 종교재판에서 금서로 지정되어 로마 카톨릭 교회의 'Index of Forbidden Books' 즉, '금서목록'에 올랐는데, 이후 1835년이 되어서야 금서목록에서 해제되었다.

142. "그래도 지구는 움직인다."라는 말은 1633년 종교재판에서 Galileo Galilei가 했던 말로 널리 알려져 있다. 그러나 실제로는 그런 말을 하지 않았다는 반론도 있다. 즉, Bartolome Esteban Murillo가 그린 감옥을 응시하고 있는 Galileo Galilei의 초상화에 "그래도 지구는 움직인다."를 뜻하는 이탈리아어 "*E pur si mouve*"가 세겨져 있는데, 이것이 그러한 오해를 불러일으켰다는 주장이다. See "And yet it moves", Wikipedia.

143. 1992년 교황 요한 바오로 2세는 Galileo Galilei에 대한 종교재판 관련 로마 카톨릭 교회의 잘못을 공식적으로 인정했다. See "Vatican Science Panel Tod by Pope: Galileo Was Right", *Reuters* (November 1, 1992).

2.09.

잘못된 비유의 오류

논리적 증명을 위해 극복해야 하는 논리적 오류의 대표적 유형 아홉 번째는 '잘못된 비유의 오류'이다. 한국어 '비유'의 의미는 "어떤 현상이나 사물을 직접 설명하지 아니하고 다른 비슷한 현상이나 사물에 빗대어서 설명하는 일"이다.[144] 영어 'Analogy'는 "어떤 원칙 혹은 생각을 설명하기 위해 종종 사용되는, 유사한 특징을 가지고 있는 것들 사이의 비교" 혹은 "유사한 특징을 가지고 있는 무엇과 또 다른 무엇의 비교"를 의미한다.[145] 결국 일부의 유사한 특징 때문에 비교된 두 대상 혹은 사람이 나머지 모든 특징도 비슷할 것이라

---

144. (밑줄 추가) 국립국어원 표준국어대사전.

145. The term 'Analogy' refers to "a comparison between things that have <u>similar features</u>, often used to help explain a principle or idea" (Cambridge Dictionary) or "a comparison of one thing with another thing that has <u>similar features</u>" (Oxford Learner's Dictionaries) (Underline Added).

Fallacy of False Analogy

"Similar but not the Same ... ."

는 논리 전개 방식에서 벌어지는 문제가 잘못된 비유의 오류이다.[146] 한편, 아예 전혀 다른 두 대상 혹은 사람을 비교하는 것을 '사과와 오렌지의 비교'라고 표현한다.[147]

　　예컨대, "하늘에 있는 구름이 마치 내 딸아이 손에 있는 솜사탕과 비슷하게 생겼습니다."라는 A의 진술에 대해 B가 "정말 그렇습니다. 그렇다면 구름의 맛도 틀림없이 달콤할 것입니다."라고 주장하는 것은 전형적인 잘못된 비유의 오류이다. A는 모양, 색깔 등이 유사한 점에 착안하여 하늘에 떠 있는 구름을 딸아이의 손에 있는 솜사탕에 비유했다. 이와 같은 A의 비유에는 전혀 문제가 없다. 그러나 B는 A의 비유에서 한걸음 더 나아가 모양과 색깔이 비슷한 구름과

---

146. '잘못된 비유의 오류'에 해당하는 영어 표현은 다음과 같다: Fallacy of False Analogy, Faulty Analogy, Argument from Analogy 등.

147. "Apples and Oranges"는 전혀 다른 대상 혹은 사람을 묘사할 때 사용되는 관용적 영어 표현이다. 따라서 'Comparison of Apples and Oranges'라는 것은 비교되는 것이 부적절하거나 비교될 수 없는 전혀 다른 범주의 것을 비교할 때 경고의 의미로 사용되는 영어 표현이다. 과거에는 "Apples and Oysters"라는 표현을 사용하기도 했다. See "Apples and Oranges", Wikipedia.

솜사탕은 심지어 맛도 비슷할 것이라고 주장한다. 결국 이것은 일부의 유사한 특징 때문에 비교된 두 대상 혹은 사람이 나머지 모든 특징도 비슷할 것이라는 논리 전개에서 벌어진 잘못된 비유의 오류에 불과하다.

Enforcing people to register their motor vehicle with
the government is like the Nazis enforcing the Jewish
to register with the government.
Therefore, the current system of motor vehicle registration
is ethically wrong and politically biased.

다음으로, "정부에 자동차를 등록하도록 사람들을 강제하는 것은 마치 (당시 독일) 정부에 유대인들을 등록하도록 나치가 강제했던 것과 비슷합니다."를 전제로 "따라서, 현행 자동차 등록제도는 윤리적으로 틀렸고 정치적으로 편향되었습니다."라는 결론에 도달한 것 또한 잘못된 비유의 오류이다. '정부에 대한 등록'이라는 비슷한 특징을 근거로 현재의 '자동차 등록제도'와 과거 독일 나치 정권의 '유대인 등록제도'를 비유한 것 자체에는 큰 문제가 없다. 그러나 이러한 비유를 근거로 '윤리적 잘못'과 '정치적 편향'이라는 과거 '유대인 등록제도'의 특징을 현재 '자동차 등록제도'가 동일하게 가지고 있을 것이라는 결론에 도달한 것은 전형적인 잘못된 비유의 오류에 불과하다.

> " A pocket watch is complex, and it's clear that it must have been designed intelligently by a watchmaker. Living beings and the world are similarly complex. Thus, they must also be the product of intelligent design. "
>
> William Paley

잘못된 비유의 오류를 보여 주는 역사적 사례 중 하나는 18세기 영국의 철학자 윌리엄 페일리의 소위 '시계 제작자의 비유'이다. 직역하면 "회중시계는 복잡합니다. 그리고 회중시계는 시계 제작자에 의해 지적으로 설계되었음이 틀림없습니다. 살아 있는 생명체와 세상 또한 비슷하게 복잡합니다. 따라서 생명체와 세상 또한 지적 설계의 산물임이 틀림없습니다."이다.[148] 즉, '복잡함'이라는 비슷한 특징을 근거로 '생명체와 세상'을 '시계'에 비유했다. 이러한 비유에는 논리적으로 아무런 문제가 없다. 그러나 여기에서 한걸음 더 나

---

148. See "Watchmaker Analogy", Wikipedia; and William Paley, *Natural Theology: or Evidences of the Existence and Attributes of the Deity, Collected from the Appearances of Nature* (1802).

아가 시계가 '시계 제작자'에 의한 '지적 설계'[149]의 산물이기에, 마찬가지로 '생명체와 세상' 또한 '누군가'[150]에 의한 지적 설계의 산물일 것이라고 주장한 것이다.[151]

논리적 증명의 측면에서 평가하자면, 결국 윌리엄 페일리의 주장은 '복잡함'이라는 비슷한 특징에서 비롯된 '생명체·세상'과 '시계' 간의 비유를 '지적 설계'라는 특징에까지 지나치게 확장함으로써 벌어진 잘못된 비유의 오류에 불과하다. 다만, 이러한 비판은 '신의 존재 여부'에 대한 논의와는 전혀 다른 차원의 문제라는 점에 유의해야 한다. 한편, 세계적 베스트셀러 『이기적 유전자』[152]의 저자인 영국의 진화생물학자 리처드 도킨스도 윌리엄 페일리가 제시한 '시계 제작자의 비유'에 대해 동일한 비판을 제기했다. 즉, 윌리엄 페일리의 주장을 패러디해서 '눈이 먼 시계 제작자'라는 제목과 '진화의

---

149. 'Intelligent Design' 즉, '지적 설계'의 사전적 의미는 "세상은 너무나도 복잡하기에 우연히 만들어졌을 리 없고, 하나님 혹은 다른 지적 존재에 의해 만들어졌음이 틀림없다라는 생각"이다. See Cambridge Dictionary. 지적 설계는 진화론에 반대하는 창조론의 한 유형이다. 지적 설계를 지지하는 쪽에서는 스스로를 '생명의 기원에 관한 증거 기반 과학이론'이라고 주장한다. 다만, 일반적으로는 경험적 근거와 검증가능한 가설이 없기 때문에 과학이 아닌 그저 'Pseudoscientific Argument' 즉, '유사과학적 주장'에 불과하다고 평가된다. See "Intelligent Design", Wikipedia.

150. 공리주의 철학자이자 영국 성공회 신부이며 기독교 옹호론자였던 William Paley가 염두에 둔 '지적 설계의 주체'인 '누군가'는 바로 기독교에서 말하는 신 즉, 하나님이다. 그의 저서는 (비록 잘못된 비유라는 논리적 오류의 문제가 있기는 하지만) 이성과 자연에 대한 일상적 경험에 근거하여 하나님의 존재를 긍정하는 일련의 주장, '자연신학'의 기원으로 평가받는다. See William Paley, supra note 148.

151. '지적 설계'라는 증명되지 않는 비과학적 혹은 유사과학적 주장을 담은 다음의 책들이 미국 학교 교과서로 채택되어 사회적 논란이 벌어지기도 했다. See Percival Davis and Hean H. Kenyon, Of Pandas and People: The Central Question of Biological Origins (Haughton Pub Co, 1989); and William A. Dembski and Jonathan Wells, The Design of Life: Discovering Signs of Intelligence in Biological Systems (ISI Distributed Titles, 2008).

152. See Richard Dawkins, The Selfish Gene: 40th Anniversary Edition (Oxford University Press, 2016).

증거가 설계 없는 우주를 드러내는 이유'라는 부제의 책을 통해 잘

못된 비유의 문제를 지적했다.[153]

---

153. See Richard Dawkins, *The Blind Watchmaker: Why the Evidence of Evolution Reveals a Universe without Design* (W. W. Norton & Company, 2015). 리처드 도킨스의 경우 논리 전개에 있어 윌리엄 페일리가 저지른 잘못된 비유의 오류라는 문제를 지적하는 것을 넘어서, 생물체·세상·우주 등이 지금의 모습으로 존재하는 이유를 '창조자의 지적 설계'가 아닌 '자연 선택' 즉, 진화의 관점에서 설명했다. 이러한 리처드 도킨스의 논리적 증명의 방법이 바로 "주어진 현상 및 사실에 대한 관찰을 통해 도달할 수 있는 가장 간단하고 가장 설득력 있으며 가장 그럴듯한 설명을 찾아가는 논리적 증명의 한 방법" 즉, 귀추적 논증이다. 자세한 내용은 "1.04. 귀추적 논증" 참고.

2.10.

밴드왜건의 오류

논리적 증명을 위해 극복해야 하는 논리적 오류의 대표적 유형 열 번째는 '밴드왜건의 오류'이다. 영어 'Bandwagon'의 문자적 의미는 "퍼레이드 혹은 행진에서 <u>밴드</u>를 싣고가는 <u>마차</u>"이고, 비유적 의미는 "성공적이거나 유행이어서 <u>새로운 많은 사람들을 유혹하는</u> 활동, 그룹, 움직임 등"이다.[154] 즉, 마치 신나는 음악을 연주하는 밴드를 싣고 가는 마차가 축제 퍼레이드 제일 앞에서 행진하면 나머지 모든 사람들은 그저 아무런 생각 없이 그 뒤를 쫓아가는 듯한 모습

---

154. The term 'Bandwagon' refers to "a <u>wagon</u> used for carrying a <u>band</u> in a parade or procession" (Google Dictionary) or "an activity, group, movement, etc. that has become successful or fashionable and so <u>attracts many new people</u>" (Cambridge Dictionary) (Underline Added).

Fallacy of Bandwagon

에서 유래된 표현이 '밴드왜건' 혹은 '밴드왜건 효과'[155]이다. 결국 많은 사람들이 그렇게 생각하니까 혹은 다수가 좋아하니까 그것이 참일 것이라는 논리 전개 방식에서 벌어지는 논리적 오류의 문제가 밴드왜건의 오류이다.[156]

예컨대, "개인적으로, 저는 프라이버시에 대한 염려 때문에 페이스북과 같은 소셜미디어를 좋아하지 않습니다."라는 A의 진술에 대해 B가 "당신 제정신이세요? 사실상 학교에서 페이스북 계정이 없는 사람은 오직 당신뿐입니다."라고 응답했다. 이에 A는 기존의 입

---

155. The term 'Bandwagon Effect' refers to "the tendency of an individual to acquire a particular style, behaviour or attitude because everyone else is doing it". See "Bandwagon Effect", Wikipedia. 한편, 이것을 한국어 '편승'이라는 표현으로 번역하기도 한다. 편승이란 "남이 타고 가는 차편을 얻어 탐"이다. 국립국어원 표준국어대사전.

156. '밴드왜건의 오류'에 해당하는 영어 표현은 다음과 같다: Fallacy of Bandwagon, *Argumentum Ad Populum*, Appeal to the People, Jumping on the Bandwagon, Common Belief Fallacy, Appeal to Common Belief, Appeal to the Majority, Appeal to the Masses, Appeal to Popularity, Argument from Consensus, Authority of the Many, *Consensus Gentium*, Democratic Fallacy, Mob Appeal 등.

Person-A:	Personally, I don't like social media like Facebook due to the concerns over privacy.
Person-B:	Are you crazy? In fact, you are the only person in the school who doesn't have Facebook account.
Person-A:	Really? Am I the only one? Then, I have to make my Facebook account right now.

Person-A:	What is your expectation on the Korean economy in the next year?
Person-B:	According to the recent survey, 97% of the people answered that the Korean economy will grow 3.5% in the next year. Only 3% of them projected -2.0%. Therefore, I am sure that the Korean economy will grow 3.5% in the next year.

장을 변경하여 "정말인가요? 저 혼자라구요? 그렇다면, 저도 지금 당장 페이스북 계정을 만들어야겠습니다."라고 덧붙였다. 이것은 전형적인 밴드왜건의 오류이다. 즉, A는 원래 자신의 입장을 180도 변경하여 페이스북 계정을 만들기로 결정했는데, 그 이유가 오로지 자신을 제외한 다른 모든 학생들이 페이스북 계정을 이미 가지고 있기 때문이다. 결국 이러한 결정은 다수의 의견에 무조건 동조하는 밴드왜건의 오류에 불과하다.

다음으로, "내년도 한국 경제에 대한 당신의 전망은 어떠합니까?"라는 A의 질문에 대해 B가 "최근 설문조사에 따르면 응답자의 97%가 내년에 한국 경제가 3.5% 성장할 것이라고 대답했습니다.

단지 3%의 응답자만 내년 경제 성장률을 -2.0%로 예상했습니다. 따라서 저는 내년에 한국 경제가 3.5% 성잘할 것이라고 확신합니다." 라고 대답했다. 이것은 전형적인 밴드왜건의 오류이다. 즉, B의 주장은 '내년 한국 경제 3.5% 성장'이고, 이러한 주장의 근거는 오로지 최근 설문조사 결과 응답자의 97%라는 절대 다수의 사람들이 그렇게 대답했다는 사실이다. 결국 B는 자신의 주장을 뒷받침하는 합리적인 근거 없이 그저 많은 사람들이 그렇게 생각하니까 그것이 참일 것이라는 논리적 오류를 저질렀다.

밴드왜건의 오류를 보여 주는 역사적 사례 중 하나는 2008년 대한민국에서 벌어졌던 미국산 소고기 관련 광우병 논쟁에서 확인할 수 있다. '미국산 소고기를 먹으면 광우병에 걸릴 수 있으며, 특히 한국인이 광우병에 걸릴 가능성이 더 크다.'라는 전혀 과학적 근거가 없는 사실을 보도한 MBC PD수첩의 방송[157] 이후 미국산 소고기 수입 반대를 넘어 이명박 대통령의 퇴진까지 요구하는 대규모 촛불

---

157. 2011년 9월 2일 대법원은 이것을 명백한 허위 보도라고 지적하고 MBC 측에 정정 보도 명령을 내렸다. 2011년 9월 5일 MBC 회사 측은 허위사실 보도에 대해 공식적으로 사과하는 방송을 했다. 그러나 MBC PD수첩 제작진은 사과 방송에 반발하여 MBC 회사 측을 상대로 소송을 제기했다. 2016년 7월 14일 대법원은 "쟁점 부분이 허위라고 판단한 1, 2심의 판결이 확정된 이상 사과 방송의 중요 부분은 사실과 합치한다."라고 언급하며 MBC 회사측이 사과에 대한 정정 보도를 할 필요가 없다고 최종적으로 판결했다. 즉, 재판 과정을 통해 '미국산 소고기를 먹으면 광우병에 걸릴 수 있다.'라는 MBC PD수첩 측의 주장은 과학적 근거가 없는 것으로 최종 확인되었다. See Park Si-soo, "MBC PD Notebook Regrets Incorrect Report on US Beef", *The Korea Times* (June 25, 2008); 김병일, "한국인 광우병 걸릴 확률 높다 … PD수첩 '광우병 보도'는 허위", 한국경제 (2011년 9월 2일); and 한정수, "대법 "MBC '광우병 보도 사과방송' 정정보도 안해도 돼", 머니투데이 (2016년 7월 14일).

집회가 광화문 광장에서 벌어졌다.[158] 당시 여론조사에서도 81%의
국민들이 미국산 소고기를 먹는 것이 불안하다고, 80.5%의 국민들
이 미국산 소고기 수입 관련 미국과 재협상을 해야 한다고 각각 응
답했다.[159] 이렇듯 절대 다수의 국민들이 과학적 근거 없이 미국산 소
고기로 인한 광우병을 걱정하고 있었다.

　　당시 절대 다수 국민들의 걱정과 불안에 편승한 몇몇 발언이
상황을 더욱 악화시켰다. 예컨대, 유명 여배우 김 모씨는 "미국산
소고기를 먹느니 차라리 청산가리를 털어 넣겠다."라는 발언을 했
다.[160] 즉, 미국산 소고기가 청산가리보다 더 심한 독성 물질이라는

---

158. 2008년 5월 2일에서 8월 15일까지 총 106일 동안 광화문 광장을 포함한 전국 각지에서 총 2,398차례의
촛불집회가 개최되었으며, 총 930,200여 명의 시민들이 촛불집회에 참가했다. 서울중앙지검, "미 쇠고기 수입반대
불법폭력 시위사건 수사백서" (2009) 참고.

159. "미국산 소고기 먹는 게 불안한가?"라는 질문에 "불안하다" 81%, "불안하지 않다" 18.3%, "모름/무응답"
0.7%로 조사되었다. "미국산 소고기 수입 관련 재협상 찬반"에 대해 "재협상 해야" 80.5%, "재협상 요구 지나쳐"
16.6%, "모름/무응답" 3.1%로 조사되었다. 장세만, ""쇠고기 수입 재협상해야" 80.5% … 압도적 여론", SBS 8시
뉴스 (2008년 6월 2일) 참고.

160. 심지어 미국산 소고기를 먹으면 미친 소의 뇌처럼 사람의 뇌에 구멍이 송송 날 것이라는 비과학적인 주장도
제기되었다. 이 말을 한 사람이 유명 코미디언 김모 씨라는 논란도 있었으나, 본문에 언급된 여배우 김모 씨가 다음과
같이 발언했던 것으로 확인되었다. "머릿속에 숭숭 구멍이 나 자신조차 컨트롤하지 못하는 모습은 상상하기도 싫다.
광우병이 득실거리는 소를 뼈째로 수입하다니." See Park Si-soo, "Anti-US Beef Actress Prevails in Court",
The Korea Times (May 12, 2008); and 이가영, "미국산 소고기 사용해 비판받는 김미화", 중앙일보 (2017년 7월
27일).

전혀 비합리적인 발언으로 대중의 걱정과 불안에 분노의 기름을 부었다. 미국산 소고기를 먹는 미국인들은 왜 광우병에 걸리지 않느냐는 합리적 의문 제기에 대해, "미국인들은 자신들이 먹지 않는 소고기만 한국에 수출한다."[161]라는 더욱 비합리적인 반론만 제기되는 상황이었다. 결국 아무런 과학적 근거 없이 그저 절대 다수의 비합리적 의견에만 편승하는 방식의 논리 전개에서 드러나는 이와 같은 문제가 바로 밴드왜건의 오류이다.

161. See Evan Ramstad and Julie Yang, "South Korean Protests Over U.S. Beef Grow", *The Wall Street Journal* (May 12, 2008).

2.11.

연좌제의 오류

논리적 증명을 위해 극복해야 하는 논리적 오류의 대표적 유형 열한 번째는 '연좌제의 오류'이다. 한국어 '연좌제'란 "범죄자와 일정한 친족 관계가 있는 자에게 연대적으로 그 범죄의 형사 책임을 지우는 제도"를 의미한다.[162] 영어 'Association'의 의미는 "어떤 사람 혹은 어떤 것과 관련되어 있거나 연결되어 있다는 사실" 혹은 "사람 또는 기구 간의 연결 또는 협력적 관련성"이다.[163] 결국, 적절하지 못한 연관 혹은 연결로 인해, 어떤 것의 특징들이 선천적으로 다른

---

162. 국립국어원 표준국어대사전. 대한민국 헌법 제13조 3항은 "모든 국민은 자기의 행위가 아닌 친족의 행위로 인하여 불이익한 처우를 받지 아니한다."라고 규정되어 있다. 즉, '개인주의'(Individualism)에 기반한 자유민주주의 국가인 대한민국은 헌법으로 '집단주의'(Collectivism)가 채택하고 있는 '연대 처벌'(Collective Punishment) 즉, 연좌제를 금지하고 있다.

163. The term 'Association' refers to "the fact of being involved with or connected to someone or something" (Cambridge Dictionary) or "a connection or cooperative link between people or organizations" (Google Dictionary).

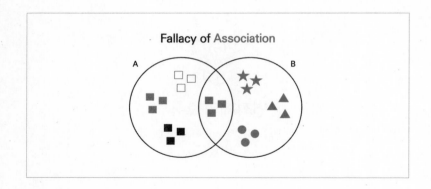

것에도 있을 것이라는 논리 전개 방식에서 벌어지는 문제가 연좌제
의 오류이다.[164] 위 그림과 같이, A와 B가 보라색 네모라는 공통점으
로 연관되어 있을 때, A의 모든 특징을 B도 또한 가지고 있을 것이
라고 생각하는 논리적 오류이다.[165]

　　예컨대, "당신은 작년에 탐의 아버지가 폭행죄로 기소되었던
사실을 기억합니까?"라는 A의 질문에 대해 B가 "네 기억합니다. 탐
은 그의 아버지와 똑같이 생겼습니다. 따라서, 탐이 시장이 되는 것
은 바람직하지 않습니다."라고 대답한다면, 이것은 전형적인 연좌제
의 오류이다. B의 주장은 '탐이 시장이 되는 것은 바람직하지 않다.'
라는 것이다. 그런데 B는 자신의 주장을 뒷받침하는 근거로 '탐이 폭

---

164. '연좌제의 오류'에 해당하는 영어 표현은 다음과 같다: Fallacy of Association, Guilt by Association, Honor
by Association 등.

165. 위 그림의 A와 B는 '보라색 사각형'이라는 측면에서 연관되어 있다. 그러나 이러한 연관성을 근거로 'B는
모두 사각형이다.'라는 결론에 도달한다면 이것은 오류이다. A는 모두 '사각형'이라는 공통된 특징을 그리고 B는
모두 '보라색'이라는 공통된 특징을 가지고 있을 뿐이다. 이러한 측면에서 '연좌제의 오류'는 'Fallacy of Hasty
Generalization' 즉, '성급한 일반화의 오류'와 유사하다. 자세한 내용은 "2.02. 성급한 일반화의 오류" 참고.

| Person-A: | Among the 4 candidates, which one is appropriate for a new President of Harvard University? |
| Person-B: | Candidate D is the most appropriate one. I am sure that he will be the next Nobel laureate in economics considering the fact that his father already won the Nobel prize in economics 10 years ago. |

행죄로 기소된 아버지와 똑같이 생겼다.'라는 사실을 제시했다. 비록 '가족' 혹은 '생김새'라는 공통점으로 연관되어 있는 것은 사실이지만, 이것을 근거로 탐의 성향 또한 폭행을 저지를 만큼 공격적일 것이라고 전제하고 그가 시장이 되는 것이 바람직하지 않다는 결론에 도달한 것은 연좌제의 오류에 불과하다.[166]

다음으로, "4명의 후보자 중 하버드대학교의 새로운 총장으로 적합한 사람은 누구입니까?"라는 A의 질문에 대해 B가 "후보자 D가 가장 적합한 사람입니다. 그의 아버지가 이미 10년 전에 노벨경제학상을 수상했다는 사실을 고려하면, 그가 다음 노벨경제학상 수상자

---

166. 연관된 공통점에 근거해서 부정적인 결론에 도달하는 경우를 'Guilt by Association' 즉, '부정적 연좌제'라고 부른다.

> " The whole image, from the style of haircut to the amount of fat on his face, was calculated. I suspect he gained weight to look like his grandfather, that he spend many hours trying to act like him. "
>
> Park Hyeong-jung

> " Acting like grandpa also means keeping the country on the lookout for would-be aggressors and perpetually bracing for war. "
>
> Emily Rauhala

가 될 것이라고 저는 확신합니다."라고 대답했다. 이것은 연좌제의 오류이다. B의 주장은 'D가 적합한 총장 후보자'라는 것이고 그 근거로 '다음 노벨경제학상 수상자가 될 것'이라는 예측을 제시했다. 또한 B는 그러한 예측의 근거로 그의 아버지가 10년 전 노벨경제학상을 수상했다는 사실을 제시했다. 즉, '가족' 혹은 '경제학'이라는 공통점을 근거로 '노벨경제학상'과 '총장의 자질'이라는 결론에 도달한 것은 논리적 오류에 불과하다.[167]

연좌제의 오류를 보여 주는 역사적 사례 중 하나는 2011년 김정일의 사망 이후 북한의 지도자로 등장한 김정은 위원장 관련 논쟁에서 확인할 수 있다. 김일성의 모습과 행동을 흉내내고 등장했던 김정은에 대해 통일연구원 박형중 박사는 "이발 스타일부터 살찐 얼굴까지 전체 이미지가 계산되었을 것입니다. 그는 자신의 할아버지와 좀더 비슷하게 보이기 위해 일부러 체중을 늘리고 할아버지처럼

---

167. 연관된 공통점에 근거해서 긍정적인 결론에 도달하는 경우를 'Honor by Association' 즉, '긍정적 연좌제'라고 부른다.

행동하기 위해 많은 시간 동안 연습했을 것이라고 생각합니다."라고 평가했다.[168] 즉, 이미지 조작을 통해 조금 덜 가난했었던 김일성 시대에 대한 향수를 간직하고 있던 북한 주민들에게[169] '가족'과 '생김새'라는 공통점을 연결 고리로 '김정은이 김일성과 비슷한 리더십을 가지고 있다.'라는 긍정적 메시지를 던진 것이다.

한편, 언론인 에밀리 라우하라는 "할아버지처럼 행동하는 것은 혹시 모를 침략자들에 대한 경계를 유지하며 영원히 전쟁을 대비하는 것을 또한 의미한다."라고 평가했다.[170] 즉, '미국의 침략 가능성을 과장해서 언급하며 끊임없이 전쟁을 준비했었던 전쟁광 김일성'의 이미지를 기억하고 있는 미국을 포함한 서구 국가에게는 오히려 그러한 김정은의 이미지 조작이 부정적 메시지를 던질 뿐이라는 것이다. 사실 '혈연'[171] 혹은 과거 위대한 지도자의 '부활'[172]과 같은 비합리적 혹은 비이성적 요소에서 정치적 권력의 정당성을 찾는 것은 근대 이전 사회의 전형적인 특징 중 하나이다. 한편, 독일의 사회학자이자 정치학자인 막스 베버는 이러한 유형의 정치적 권력을 '전통

---

168. See Emily Rauhala, "Kim Jong Un Basks in His Grandfather's Glow", *The Time* (April 14, 2014).

169. See Lizzie Tucker, "Like Grandfather, Like Grandson: North Korea's Doppelganger Leaders—in Pictures", *The Guardian* (August 27, 2014).

170. See Emily Rauhala, *supra* note 168.

171. 예컨대, 단군이 고조선의 (정치적 그리고 종교적) 지도자가 될 수 있었던 이유는 그의 아버지가 환웅이고 환웅의 아버지가 하늘의 신 환인이기 때문이다. 단군은 혈연적으로 신의 손자 즉, 천손이었다. 한편, 신약성경의 첫 번째 책인 『마태복음』 제1장1절은 예수의 권위를 설명하는 장치로 예수가 혈연적으로 다윗 왕의 자손이며 아브라함의 자손임을 밝히고 있다.

172. 예컨대, 달라이 라마가 티베트의 (정치적 그리고 종교적) 지도자가 될 수 있었던 이유는 사람들이 그를 환생한 라마라고 믿기 때문이다.

적 권위'라고 표현했다.[173]

173. Max Weber는 정치적 권위의 유형을 다음 3가지로 분류했다. 1) 'Traditional Authority' 즉, 오랜 전통의 문화적 패턴에 대한 존중으로 인해 정당화되는 권력인 '전통적 권위', 2) 'Charismatic Authority' 즉, 헌신과 복종을 불러일으키는 범상치 않은 개인적 능력에 의해 정당화되는 권력인 '카리스마적 권위', 그리고 3) 'Legal-Rational Authority' 즉, 제정된 법률과 규정에 의해 법률적으로 정당화된 권력인 '법률적-합리적 권위'. See "Authority", Wikipedia; and Max Weber, *Politics as a Vocation* (1919).

2.12.

모호성의 오류

논리적 증명을 위해 극복해야 하는 논리적 오류의 대표적 유형 열두 번째는 '모호성의 오류'이다. 한국어 '모호성'이란 "여러 뜻이 뒤섞여 있어서 정확하게 무엇을 나타내는지 알기 어려운 말의 성질"을 의미한다.[174] 영어 'Equivocation'의 의미는 "특별히 진실을 숨기기 위해서 의도적으로 분명하지 않게 그리고 다른 사람들을 혼란스럽게 만드는 방식으로 말하는 것" 혹은 "진실을 숨기거나 약속하는 것을 피하기 위해 모호한 언어를 사용하는 것"이다.[175] 한편, 모호성의 오류란 "어떤 용어를 사용하여 하나의 주장을 제기할 때 논리 전

---

174. 국립국어원 표준국어대사전.

175. The term 'Equivocation' refers to "a way of speaking that is intentionally not clear and is confusing to other people, especially to hide truth" (Cambridge Dictionary) or "the use of ambiguous language to conceal the truth or to avoid committing oneself" (Google Dictionary) (Underline Added).

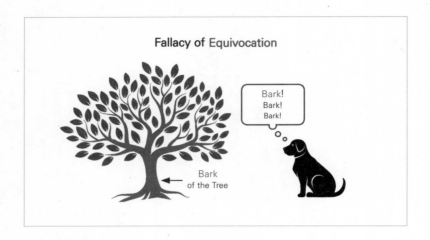

Fallacy of Equivocation

Bark!
Bark!
Bark!

Bark
of the Tree

개 과정에서 해당 용어의 의미가 변함으로써 벌어지는 논리적 오류"를 지칭한다.[176] 즉, 특정한 단어/표현이 다양한 의미로 사용되어서 벌어지는 문제가 모호성의 오류이다.[177]

예컨대, "단지 인류만이 합리적 존재이다."라는 전제-1과 "어떤 여성도 남성이 아니다."라는 전제-2를 근거로 "따라서, 어떤 여성도 합리적 존재가 아니다."라는 결론에 도달한 것은 전형적인 모호성의 오류이다. 물론 한국어 번역만 읽는다면, 모호성의 오류를 발견할 수 없다. 다만, 결론이 말도 안 되는 헛소리라는 것은 쉽게 확인된다. 그러나 원래의 영어 문장을 자세히 살펴보면 이 주장에 담긴 모호성의 오류가 명백하게 드러난다. 즉, 동일한 영어 단어 'man'이

---

176. The term 'Equivocation' refers to "a logical fallacy whereby an argument is made with a term which changes semantics in the course of the argument". See "Equivocation", Wikipedia.

177. '모호성의 오류'에 해당하는 영어 표현은 다음과 같다: Fallacy of Equivocation, Fallacy of Ambiguity, Equivocation Fallacy, Equivocation, Calling Two Different Things by the Same Name 등.

Premise-1	Only <u>man</u> is a rational being.
Premise-2	No woman is a <u>man</u>.
Conclusion	Therefore, no woman is a rational being.

모든 학자들은 존 롤스의 『정의론』을 반드시 읽어야 합니다. 왜냐하면 모든 학문은 주요 개념의 정확한 <u>정의</u>에서 출발하기 때문입니다. 예컨대, 자유주의에 대한 학문적 논의는 "외부적인 구속이나 무엇에 얽매이지 아니하고 자기 마음대로 할 수 있는 상태"로 <u>정의</u>되는 자유의 개념에서 출발합니다.

전제-1에서는 '인류'[178] 그리고 전제-2에서는 '남성'의 의미로 각각 다르게 사용되었다.[179] 이렇듯 동일한 단어를 두 가지 다른 의미로 사용함으로써 도달한 "따라서, 어떤 여성도 합리적 존재가 아니다."라는 결론은 명백한 오류에 불과하다.

한편, 한자어에 기반한 어휘가 많은 한국어의 경우 모호성의 오류에 빠지지 않도록 더욱 세심한 주의가 필요하다.[180] 예컨대, "모든 학자들은 존 롤스의 『정의론』을 반드시 읽어야 합니다."라는 의견과 "왜냐하면 모든 학문은 주요 개념의 정확한 <u>정의</u>에서 출발하

---

178. The term 'man' refers to "the human race" or "an adult male human being". Cambridge Dictionary.

179. 한국어 '명사'에 비해 영어 'Noun'의 가장 중요한 특징은 'Grammatical Function' 즉, '문법적 기능'이 매우 발전해 있다는 것이다. 따라서 영어 'Noun'을 정확하게 이해하기 위해서는 반드시 'Countability' 즉, '셀 수 있는지 여부'라는 문법적 기능에 대한 정확한 이해가 필요하다. 예컨대, 영어 'man'이 '셀 수 없는 명사'로 사용되면 '인류' 그리고 '셀 수 있는 명사'로 사용되면 '남성'으로 각각 그 의미가 달라진다. 이상혁, *supra* note 3, pp. 111-114 참고.

180. 국립국어원 표준국어대사전에만 한국어 '정의'로 표기되는 한자어는 正依, 正意, 正義, 廷議, 定義, 定議, 征衣, 政議, 庭儀, 情意, 情義, 情誼, 淨衣, 精義 등 총 14개이다.

기 때문입니다."라는 근거가 제시되었다. 이에 더해, "자유주의에 대한 학문적 논의는 '외부적인 구속이나 무엇에 얽매이지 아니하고 자기 마음대로 할 수 있는 상태'로 정의되는 자유의 개념에서 출발합니다."라는 근거의 예시가 제시되었다. 결국 동일한 한국어 단어 '정의'가 의견에서는 '正義, Justice'[181] 그리고 근거와 그 예시에서는 '定義, Definition'[182]의 의미로 각각 다르게 사용되어, 모호성의 오류라는 문제가 벌어졌다.

　　모호성의 오류를 보여 주는 역사적 사례 중 하나는 윌리엄 셰익스피어의 4대 비극[183] 중 하나인 『맥베스』에서 확인할 수 있다. 반란군을 진압하고 돌아오던 길에 왕위에 오를 것이라는 세 마녀의 예언을 들었던 맥베스 장군은 결국 던컨 왕을 살해하고 왕이 되었다. 이후 죄책감과 불안감에 시달리던 맥베스가 다시 세 마녀를 찾아가 대화를 나눈다. "천둥이 치고 피투성이 어린이 모습의 두 번째 환영 등장. '맥베스! 맥베스! 맥베스' 두 번째 환영이 말했다. '만약 귀가 3개 있다면, 당신들 3명 모두에게 귀 기울일 텐데.'라고 멕베스가 말했다. '잔인하고 담대하며 단호하라! 사람의 힘을 경멸하며 비웃으

---

181. 'Justice' 즉, '正義'란 "진리에 맞는 올바른 도리"를 의미한다. 국립국어원 표준국어대사전.

182. 'Definition' 즉, '定義'란 "어떤 말이나 사물의 뜻을 명백히 밝혀 규정함"을 의미한다. 국립국어원 표준국어대사전. 한편, 논리 혹은 논증을 위한 개념정의는 (1) 사전적 의미를 참고하고, (2) 반대개념을 제시하며, (3) 예시를 통해 구체화하는 것이다. 이상혁, *supra* note 11, pp. 219-224 참고.

183. 소위 'The Four Great Tragedies' 즉, '셰익스피어의 4대 비극'이란 *The Tragedy of Hamlet* (or *Prince of Denmark*) (1599-1601), *The Tragedy of Othello* (or *The Moor of Venice*) (1603), *King Lear* (1605-1606), *The Tragedy of Macbeth* (1606)라는 4편의 희곡을 말한다.

> " *Thunder.* SECOND APPARITION: *a bloody child*
>
> SECOND APPARITION   Macbeth! Macbeth! Macbeth!
> MACBETH   Had I three ears, I'd hear thee.
> SECOND APPARITION   Be bloody, bold, and resolute.
> Laugh to scorn the power of man,
> for none of woman born
> shall harm Macbeth. "
>
> William Shakespeare

라! 왜냐하면 여자가 낳은 자는 결코 멕베스를 해할 수 없기 때문이
다.'라고 두 번째 환영이 말했다."[184]

문제는 마녀의 예언 중 'man … none of woman born'이라
는 표현의 모호성에 있다. 맥베스는 '여자에게서 태어난 그 어떤 사
람'도 자신을 해할 수 없기 때문에, 이제 자신은 천하무적이라고 생
각했다. 즉, 이 표현의 의미를 '모든 사람'이라고 생각하고 이제 암살
의 위협이 사라졌다고 판단했다. 이에 반해, 마녀는 '자연 출산된 사
람'의 의미로 이 표현을 사용했다. 결국 맥베스는 자연 출산이 아니
라 '제왕절개 수술로 태어난 사람' 맥더프에게 암살을 당했다. 이후
던컨 왕의 아들 맬콤이 왕위에 오르고 모든 이야기는 마무리된다.
셰익스피어는 흔히 단어와 표현의 모호성을 활용한 'Pun' 즉, "여러

---

184. Act 4, Scene 1 of *The Tragedy of Macbeth* (1606).

가지 의미를 가지고 있는 단어와 구를 재미있게 활용하는 말장난"[185]

을 가장 잘한 작가로 평가 받는다.

---

185. The term 'Pun' refers to "a humorous use of a word or phrase that has several meanings or that sounds like another word" (Cambridge Dictionary) or "a joke exploiting the different possible meanings of a word or the fact that there are words which sound alike but have different meanings" (Google Dictionary) (Underline Added). 'Pun' 즉, '말장난'의 요즘 표현은 '아재개그'이다.

2.13.

미끄러운 경사면의 오류

논리적 증명을 위해 극복해야 하는 논리적 오류의 대표적 유형 열세 번째는 '미끄러운 경사면의 오류'이다. 미끄러운 경사면의 오류란 "상대적으로 작은 첫 번째 발디딤이 연관된 사건의 연속으로 이어져 궁극적으로는 어떤 중요한 (주로 부정적인) 결과를 만들어낸다고 주장하는 논리적 오류"[186]를 지칭한다.[187] 마치 한 발을 잘못 디뎠을 뿐인데 미끄러운 경사면의 꼭대기에서 바닥까지 쭈욱 미끄러

---

186. The term 'Fallacy of Slippery Slope' refers to "a logical fallacy in which a party asserts that a relatively small first step leads to a chain of related events culminating in some significant (usually negative) effect". See "Slippery Slope", Wikipedia.

187. '미끄러운 경사면의 오류'에 해당하는 영어 표현은 다음과 같다: Fallacy of Slippery Slope, Slippery Slope Argument (SSA), Continuum Fallacy, Fallacy of the Beard, Line-drawing Fallacy, Decision-Point Fallacy 등.

Fallacy of Slippery Slope

Ouch!

져 추락하는 것과 같은 논리 전개를 비유적으로 표현한 것이다.[188] 결국 미끄러운 경사면의 오류를 담고 있는 주장의 핵심은 어떤 사소한 결정이 전혀 의도하지 않은 결과를 만들어 낼 가능성이 있다는 것이다. 흔히 상대방에게 겁을 주기 위해 특정한 행동의 결과를 과장해서 말할 때[189] 이러한 오류가 발생한다.

예컨대, "만약 당신이 이 사탕을 쳐다보면, 당신은 매우 먹고 싶어질 것입니다. 만약 당신이 지금 이 사탕을 먹으면, 당신은 내일 또 다른 사탕을 먹을 것입니다. 한 주가 지나면 당신은 사탕에 중독될 것입니다. 한 달이 지나면 당신은 비만이 될 것입니다."와 같은

---

188. 유사한 비유적 표현 중에 'The Camel's Nose in the Tent'가 있다. 낙타에게 텐트 안으로 코만 넣을 수 있도록 허락해 주었더니, 나중에는 텐트 안의 사람을 밀어내고 낙타가 텐트를 차지했다는 아랍의 우화에서 나온 표현이다. 즉, 겉으로 보기에 위험하지 않은 작은 행동을 허락하면 결국 바람직하지 않은 큰 행동이 벌어진다는 것을 보여 주는 비유적 표현이다. See "Camel's Nose", Wikipedia.

189. 영어로 'Fearmongering' 혹은 'Scaremongering'이라고 표현한다.

If you look at this candy, you will be strongly tempted to eat.

If you eat this candy now, you will eat another one tomorrow.

After a week, you will be addicted to candy.

After a month, you will be obese.

Therefore, you must look away from this candy to avoid obesity.

To permit homo-sexual marriage is undesirable
because it would cause more marriages to break up,
which in turn would cause more families to break down,
which in turn would cause the society to be destroyed.

연관된 사건의 연속을 전제로 "따라서, 비만을 피하기 위해 당신은 반드시 이 사탕으로부터 눈길을 돌려야 합니다."라는 결론에 도달한 것은 전형적인 미끄러운 경사면의 오류이다. 즉, '사탕을 쳐다본다.' 라는 사소한 행동을 하기만 하면, '사탕을 먹는다.'와 '사탕에 중독된다.'라는 연속된 일들이 자동적으로 일어나고 결국 '비만'이라는 엄청나게 부정적인 결과를 만들어 낼 것이라는 방식의 논리 전개는 명백한 논리적 오류에 불과하다.

다음으로, "동성 결혼을 허락하는 것은 바람직하지 않습니다." 라는 의견이 제시되었다. 이에 더해, "왜냐하면 동성 결혼의 허용은 더 많은 결혼을 파탄시킬 것이고, 더 많은 결혼의 파탄은 더 많은 가족을 붕괴시킬 것이며, 더 많은 가족의 붕괴는 사회를 파괴시킬 것이기 때문입니다."라는 연관된 사건의 연속이 '동성 결혼 허락 반대'의 근거로 제시되었다. 즉, '동성 결혼 허용'이라는 사소한 결정이 '결혼 파탄'과 '가족 붕괴'라는 현상으로 자동적으로 이어지고, 결국 '사회 파괴'라는 엄청나게 부정적인 결과를 만들어 낼 것이라는 방식의 논리 전개 또한 명백한 미끄러운 경사면의 오류이다. 다만, 이러한 논리 전개가 상대방에게 상당한 공포와 두려움을 불러일으킬 수 있다는 것을 부정할 수는 없다.

미끄러운 경사면의 오류를 보여 주는 역사적 사례 중 하나는 세계적 거장 조지 루카스가 감독, 기획, 제작, 각본을 담당했던 영화 《스타워즈 에피소드 1: 보이지 않는 위험》에서 확인할 수 있다.[190] 1983년 소위 '스타워즈 클래식 3부작'이 마무리된 후 16년이 지난 1999년에 발표된 이 영화는 스타워즈의 세계관에 따른 연대기적 순서로는 에피소드 1에 해당한다.[191] 타투인 행성에 살던 노예 소년 아나킨[192]이 "도대체 그게 무슨 상관이 있습니까?"라고 질문한다. 이에

---

190. 스타워즈 시리즈의 영화 제목은 좀 복잡하다. 1977년 발표 당시 영화의 제목은 《스타워즈》였다. 이후 1980년 《스타워즈 에피소드 5: 제국의 역습》이 발표되면서, 1977년 작품인 《스타워즈》의 제목이 《스타워즈 에피소드 4: 새로운 희망》으로 변경되었다. 1983년 《스타워즈 에피소드 6: 제다이의 귀환》의 발표로 소위 '스타워즈 클래식 3부작'이 마무리되었다. See "Star Wars", Wikipedia.

191. 이후 2002년 《스타워즈 에피소드 2: 클론의 습격》과 2005년 《스타워즈 에피소드 3: 시스의 복수》가 발표됨으로써, 스타워즈 시리즈 6부작이 최종 마무리되었다. See Id.

192. 타투인 행성의 노예였던 Anakin Skywalker는 9살의 나이에 제다이 마스터 Qui-Gon Jinn에게 발탁되어 Obi-Wan Kenobi의 가르침을 받았다. 힘의 균형을 가져올 것이라고 예언되었던 Anakin Skywalker가 스타워즈 시리즈 에피소드 1, 2, 3의 주인공이다.

> " Anakin   What has that got to do with anything?
> Yoda   Everything! Fear is the path to the dark side.
>   Fear leads to anger. Anger leads to hate.
>   Hate leads to suffering.
>   I sense much fear in you. "
>
> George Lucas

제다이[193] 그랜드 마스터 요다[194]는 "모든 것과 상관이 있지! 두려움은 어두운 면으로 가는 길이야. 두려움은 분노로 이어져. 분노는 미움으로 이어지고. 미움은 고통으로 이어져. 나는 너에게서 엄청난 두려움을 감지했어."라고 답변한다.[195]

물론 제다이 그랜드 마스터 요다의 '마음 속 두려움을 없애라!'라는 가르침이 장차 힘의 균형을 가져올 것이라는 예언을 실현하게 될 아나킨에게 큰 교훈이 되었음을 부정할 수는 없다. 다만, 논리적 증명의 측면에서 분석하자면, 이러한 요다의 가르침은 명벽하게 미끄러운 경사면의 오류이다. 즉, 요다는 아나킨의 마음속에 있는 '어머니를 그리워하는 마음' 그리고 '어머니를 잃을 수도 있다는 두려움'이라는 사소한 감정이 '분노'와 '미움'이라는 감정으로 자동적으로 이어지고, 결국 '고통'이라는 부정적인 결과를 만들어 낼 것이라

---

193. 'The Jedi Order' 즉, '제다이 기사단' 혹은 '제다이'는 스타워즈 시리즈에 등장하는 가상의 조직으로서 은하계의 평화를 지키는 것이 그 목적이다.

194. 녹색의 키작은 외계인 모습의 Yoda는 제다이 기사단의 그랜드 마스터이며, 1980년 《스타워즈 에피소드 5: 제국의 역습》에 처음으로 등장했다.

195. See *Star Wars: Episode I – The Phantom Menace* (1999), https://www.imdb.com/title/tt0120915/characters/nm0000568, accessed October 2021.

고 지적한 것이다. 이렇듯 미끄러운 경사면의 오류를 담고 있는 주
장의 공통된 특징은 사소한 감정, 결정, 의견 등이 의도하지 않은 파
국적 결과를 만들어 낼 수도 있다는 것이다.

인과관계·상관관계 혼동의 오류

논리적 증명을 위해 극복해야 하는 논리적 오류의 대표적 유형 열네 번째는 '인과관계·상관관계 혼동의 오류'이다. 인과관계란 "어떤 행위와 그 후에 발생한 사실과의 사이에 원인과 결과의 관계가 있는 일"이다.[196] 한편, 상관관계란 "두 가지 가운데 한쪽이 변화하면 다른 한쪽도 따라서 변화하는 관계"이다.[197] 즉, 무엇들 간의 관계가 원인과 결과의 관계라면 인과관계이고, 그저 연관되어 있을 뿐 원인과 결과의 관계가 아니라면 단순한 상관관계에 불과하다. 다음에 제

---

196. 국립국어원 표준국어대사전. 영어 'Causation'의 의미는 "무엇인가 발생하거나 존재하도록 하는 과정" 혹은 "무엇인가를 야기시키는 행동"이다. The term 'Causation' refers to "the process of causing something to happen or exist" (Cambridge Dictionary) or "the action of causing something" (Google Dictionary).

197. 국립국어원 표준국어대사전. 영어 'Correlation'의 의미는 "두 가지 또는 그 이상의 사실, 숫자 등의 관계 또는 연관" 혹은 "두 가지 또는 그 이상 것들 간의 상호관계 또는 연관"이다. The term 'Correlation' refers to "a connection or relationship between two or more facts, numbers, etc." (Cambridge Dictionary) or "a mutual relationship or connection between two or more things" (Google Dictionary).

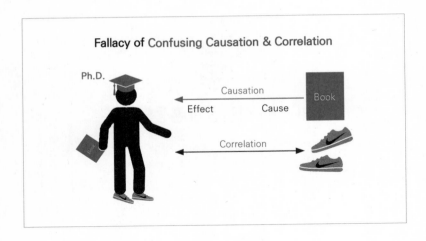

Fallacy of Confusing Causation & Correlation

시된 그림의 '책'과 '박사학위'의 관계는 '인과관계' 그리고 '나이키 운동화'와 '박사학위'의 관계는 상관관계라고 할 수 있다.[198] 결국 상관관계에 불과한 것을 인과관계라고 착각하고 논리를 전개하는 것이 인과관계·상관관계 혼동의 오류이다.[199]

예컨대, "풍차가 더 빨리 회전할수록 바람이 더 많이 분다는 것이 관찰되었습니다."를 근거로 "따라서, 바람을 멈추기 위해서는 풍차를 파괴해야 합니다."라는 결론에 도달한 것은 전형적인 인과관계·상관관계 혼동의 오류이다. 물론 '풍차가 회전하는 것'과 '바람이 부는 것'이 동시에 발생한 것은 이미 관찰된 사실이다. 다만, '풍차가

---

198. '인과관계·상관관계 혼동의 오류'에 해당하는 영어 표현은 다음과 같다: Fallacy of Confusing Causation and Correlation, False Cause Fallacy, Correlation Does Not Imply Causation, *Cum Hoc Ergo Propter Hoc* (with this, therefore because of this) 등.

199. 따라서 "박사학위를 받으려면 책을 많이 읽어라."와 같은 주장은 논리적으로 타당할 수 있으나, "박사학위를 받으려면 나이키 운동화를 신어라."와 같은 주장은 논리적 오류에 불과하다.

It was observed that

the faster a windmill rotates, the more wind is.
Therefore, it is necessary to destroy the windmill to stop wind.

There is a study which clearly shows a relationship between
'the number of people who drowned by falling into a pool'
and 'the number of films Nicolas Cage appeared in',
with a very strong statistical r value of +0.666.
Therefore, it is a must to prohibit any film starring Nicolas Cage
in order to reduce drowning

회전하는 것'이 원인이 되어 '바람이 부는 것'이라는 결과를 만들어
낸 것은 전혀 아니다. 결국 '풍차가 회전하는 것'과 '바람이 부는 것'
의 관계는 인과관계가 아니고 단순한 상관관계에 불과하다.[200] 그런
데 상관관계에 불과한 것을 마치 인과관계라고 착각하고, "따라서,
바람을 멈추기 위해서는 풍차를 파괴해야 합니다."라는 결론에 도달
한 것은 논리적 오류에 불과하다.

다음으로, "'수영장에 빠져 익사한 사람의 수'와 '니콜라스 케
이지가 출연한 영화의 수' 사이에 매우 강한 통계적 상관계수(r)[201]

---

200. 상식적으로 판단하자면 오히려 '바람이 부는 것'이 원인이 되어 '풍차가 회전하는 것'이라는 결과가 나타났다고
해석하는 것이 타당할 것이다. 즉, '바람이 부는 것'과 '풍차가 회전하는 것'의 관계는 인과관계이다.
201. 'Coefficient of Correlation' 즉, 상관계수(r)는 2개의 연속형 변수 간의 연관성 즉, 상관관계의 정도를 측정한
값이다. 2개의 연속형 변수가 완전히 일치하면 $r = 1$, 완전히 무관하면 $r = 0$, 양의 상관관계가 있으면 $r > 0$, 음의
상관관계가 있으면 $r < 0$이다.

0.666의 관계가 있음을 분명하게 보여 주는 연구결과가 있습니다."
를 근거로 "따라서, 익사를 줄이기 위해 니콜라스 케이지가 주연하
는 모든 영화를 금지해야 합니다."라는 결론에 도달한 것 또한 인과
관계·상관관계 혼동의 오류에 불과하다. 즉, '수영장에 빠져 익사한
사람의 수'와 '니콜라스 케이지가 출연한 영화의 수'의 관계가 상관
관계인 것은 이미 통계적으로 확인되었다. 다만, 상관관계를 마치
인과관계라고 착각하고 결론을 내리는 논리 전개를 했기 때문에 오
류가 발생한 것이다. 한편, 전혀 무관한 변수들 간에 존재하는 이러
한 상관관계를 허위상관이라고 한다.[202]

  인과관계·상관관계 혼동의 오류를 보여 주는 역사적 사례 중
하나는 '취침 시 은은한 조명'과 '아동 근시'의 관계에 관한 논쟁에서
확인할 수 있다. 1999년 미국 펜실베니아대학교 메디컬센터의 그레

---

202. '허위상관' 혹은 '허구적 상관'은 영어 'Spurious Correlation'을 번역한 표현이다. '익사'와 '니콜라스 케이지'의
관계 외에도 다음과 같은 재미있는 허위상관의 사례들이 있다. 1) 'US Spending on Science, Space, and
Technology' correlates with 'Suicides by Hanging, Strangulation and Suffocation' ($r = 0.9979$); 2) 'Per
Capita Cheese Consumption' correlates with 'Number of People Who Died by Becoming Tangled in Their
Bedsheets' ($r = 0.9471$); 3) 'Divorce Rate in Maine' correlates with 'Per Capita Consumption of Margarine'
($r = 0.9925$). See Tyler Vigen, *Spurious Correlations* (Hachette Books, 2015).

이엄 E. 퀸 외 3명은 논문을 통해 "우리는 빛 노출이 시력에 미치는 영향에 대해 살펴보았고, 2세 이전 어린이가 수면 중 은은한 야간 빛에 노출되는 것과 근시 사이에 강한 연관성이 있다는 것을 발견했습니다."라고 주장했다. 그 근거로 479명의 어린이에 대한 조사 결과를 제시했다. 즉, 2세 이전에 불을 켜고 잠을 잤던 어린이의 55%가 2세-16세에 근시가 되었다는 것이다. 또한 불을 켜고 잠을 잔 어린이의 34%가 근시가 된 것에 반해, 불을 끄고 잠을 잔 어린이의 경우 10%만이 근시가 되었다는 것이다.[203]

물론 논문에서는 '강한 연관성'이라고 표현했을 뿐 결코 '인과관계'라는 표현은 사용하지 않았다. 다만, 공저자 중 한 명인 리처드 스톤 박사는 언론을 통해 유아나 어린 아이를 위해 잠을 잘 때 불을 끌 것을 권고했다. 이후 이 논문에 제시된 주장이 '밤에 불을 켜 놓고 자는 어린이는 근시가 될 가능성이 크다.' 혹은 '불을 켜 놓고 자는 것은 근시를 야기시킨다.' 등과 같은 메시지로 변형되어 다양한 언론에 소개되었다.[204] 즉, '취침 시 은은한 조명'과 '아동 근시' 사이의 상관관계가 언론 매체에 의해 어느 순간 마치 인과관계인 것처럼 전환되어 일반 대중에게 전달되었는데, 이것은 명백한 인과관계·상관

---

203. See Graham E. Quinn and et al., "Myopia and Ambient Lighting at Night", *Nature* 399 (1999), pp. 113-114, https://doi.org/10.1038/20094, accessed October 2021.

204. See "Night Lights Linked to Vision Problem", *The Associated Press* (May 13, 1999); "Night-light May Lead to Nearsightedness", *CNN* (May 13, 1999); Frank D. Roylance, "Nightlight for Sleeping Children May Lead to Myopia, Study Hints", *The Baltimore Sun* (May 13, 1994); and Thomas H. Maugh II, "Night Lights Linked to Babies' Nearsightedness", *The Los Angeles Times* (May 13, 1999).

관계 혼동의 오류이다. 한편, 위 논문의 주장을 부정하는 다양한 연구결과가 이후에 발표되었다.[205]

---

205. 이후 발표된 논문들에서는 '취침 시 은은한 조명'과 '아동 근시' 간에는 연관성이 없으며, 오히려 '부모의 근시'와 '아동 근시' 간에 강한 연관성이 있다는 주장이 제기되었다. '부모의 근시'로 인해 밤에 불을 켜 놓는 경우가 많은데, 이것이 '취침 시 은은한 조명'과 '아동 근시' 간의 연관성이라는 오해를 불러일으켰다는 설명이다. 즉, '부모의 근시'가 '아동 근시'의 가장 중요한 원인이라는 주장이다. See J. Gwiazda and et al., "Vision: Myopia and Ambient Night-time Lighting", *Nature* 404 (2000), p. 144; and Ohio State University, "Night Lights Don't Lead to Nearsightedness, Study Suggests", *Science Daily* (March 9, 2000).

2.15.

인과관계 단순화의 오류

논리적 증명을 위해 극복해야 하는 논리적 오류의 대표적 유형 열다섯 번째는 '인과관계 단순화의 오류'이다. 앞서 설명한 바와 같이, 'Causation' 즉, '인과관계'란 원인과 결과의 관계이다.[206] 한편, 'Oversimplification' 즉, '(지나친) 단순화'의 의미는 "더 이상 정확하지도 않고 진실도 아닐 만큼 무엇인가를 너무나도 단순하게 묘사하거나 설명하는 행동" 혹은 "왜곡된 인상을 줄 만큼 무엇인가를 단순화하는 것"이다.[207] 결국 인과관계 단순화의 오류란 실제 현실에서는 매우 다양한 원인들이 복합적으로 작용하여 벌어진 결과임에도

---

206. See *supra* note 188.

207. The term 'Oversimplification' refers to "the action of describing something in such a simple way that it is no longer correct or true" (Cambridge Dictionary) or "simplification of something to such an extent that a distorted impression is given" (Google Dictionary).

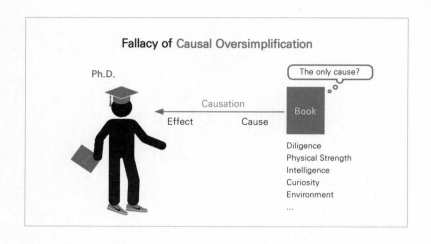

Fallacy of Causal Oversimplification

Ph.D.

The only cause?

Causation

Effect　　　Cause

Book

Diligence
Physical Strength
Intelligence
Curiosity
Environment
...

불구하고, 오직 하나의 원인 때문에 그러한 결과가 벌어진 것처럼 인과관계를 단순화하는 방식의 논리 전개에서 나타나는 논리적 오류의 문제이다.[208]

예컨대, "어린 시절부터 많은 책을 읽었던 습관 때문에 그는 20대 후반에 법학 박사학위를 취득할 수 있었습니다."를 전제로 "따라서, 만약 당신이 가능한 많은 책을 읽기만 한다면 당신도 박사학위 과정을 성공적으로 마칠 수 있을 것입니다."라는 결론에 도달한 것은 전형적인 인과관계 단순화의 오류이다. 물론 '박사학위'라는 결과를 만들어 낸 것에 '독서'가 중요한 원인이었음을 부정할 수는 없다. 그러나 실제 현실은 '독서' 이외에도 성실성, 체력, 지능, 호기심, 환경 등 수없이 다양한 원인이 복합적으로 작용하여 '박사학위'

---

208. '인과관계 단순화의 오류'에 해당하는 영어 표현은 다음과 같다: Fallacy of Causal Oversimplification, Fallacy of Single Cause, Complex Cause, Causal Reductionism, Reduction Fallacy 등.

The habit of reading a lot of books from early childhood
made him obtain a Ph.D. in law in his late 20s.
Therefore, if you only read as many books as possible,
you will finish the doctoral program successfully.

Economic growth rate has declined steadily
and violent crime rate has increased rapidly
since Adam Hamilton was elected as Mayor 3 years ago.
Therefore, Mayor Adam Hamilton must resign right away
for prosperity and safety of our city.

라는 결과에 도달했다는 것이다. 결국 매우 다양한 원인이 있음에도 불구하고 오로지 '독서'만이 유일한 원인이라고 착각하고 도달한 위와 같은 결론은 논리적 오류에 불과하다.

다음으로, "3년 전 애덤 해밀턴이 시장으로 선출된 이후 경제성장률은 지속적으로 하락하고 폭력범죄율은 급격하게 증가했습니다."를 전제로 "따라서, 우리 시의 번영과 안전을 위해 애덤 해밀턴 시장은 즉시 사퇴해야 합니다."라는 결론에 도달한 것 또한 인과관계 단순화의 오류이다. 당연히 '애덤 해밀턴 시장'이 하나의 원인이 되어서 '경제성장 하락'과 '범죄율 증가'라는 결과가 발생했을 수는 있다. 그러나 동시에 세계 경기의 침체, 자연 재해, 지역적 특수성, 교육 수준, 문화적 특징, 지리 등 매우 다양한 원인이 있을 수도 있다. 따라서 '애덤 해밀턴 시장'만이 유일한 원인이라고 생각하고, 시

장만 사퇴하면 상황이 반전되어 번영과 안전이라는 결과가 생길 것
이라는 논리 전개는 명백한 오류이다.

　　인과관계 단순화의 오류를 보여 주는 역사적 사례 중 하나는 2
차 세계대전의 원인과 관련한 논쟁에서 확인할 수 있다. 1938년 주
데텐란트[209]에 대한 독일의 불법점령을 인정하는 뮌헨합의[210]를 체결
하고 귀국한 영국 총리 네빌 체임벌린은 런던 시민들을 향해 뮌헨합
의가 평화를 위한 최선의 선택이었다고 연설했다.[211] 이에 윈스턴 처
칠은 다음과 같은 비난을 체임벌린에게 쏟아부었다. "당신에게는 전

---

209. 'Sudetenland' 즉, '주데텐란트'는 20세기 초반 독일 민족이 많이 거주했던 체코슬로바키아의 서부 지역이다.
1938년 뮌헨합의에 의해 독일의 영토로 편입되었으며, 현재는 체코의 영토이다.

210. 'Sudeten Crisis' 즉, '주데텐 사태'를 해결하기 위해 Neville Chamberlain (영국), Edouard Daladier (프랑스),
Adolf Hitler (독일), Benito Mussolini (이탈리아) 간에 4개국 정상회담이 독일 뮌헨에서 개최되었고, 그 결과 1938년
9월 29일 'Munich Agreement' 즉, '뮌헨합의'가 체결되었다. 주된 내용은 1) 1938년 10월 10일까지 주데텐란트에
대한 독일의 점령 완료, 2) 다른 분쟁지역의 미래는 국제위원회가 결정 등이다. 즉, 주데텐란트 이외에는 더 이상
영토적 야욕이 없다는 Adolf Hitler의 약속을 믿고 독일의 주데텐란트 점령을 승인한 것이다. 국제법을 위반한
뮌헨합의의 결과 체코슬로바키아는 전체 국토의 30%와 인구 500만명을 잃었다. See "Munich Agreement",
Wikipedia; and Kennedy Hickman, "World War II: Munich Agreement: How Appeasement Failed to Deter
World War II", ThoughCo (January 14, 2020).

211. See Neville Chamberlain, "Peace for Our Time" (1938), https://eudocs.lib.byu.edu/index.php/Neville
Chamberlain%27s%22Peace_For_Our_Time%22_speech, accessed October 2021.

쟁과 불명예라는 선택이 주어졌다. 당신은 불명예를 선택했고, 당신은 전쟁을 하게 될 것이다."[212] 10년 후 처칠은 "만약 동맹국들이 초기에 히틀러에게 강하게 저항했었다면, …… 그가 움츠러들었을 것이고 (전쟁을 하지 않는) 제정신의 요소가 독일인들의 삶에 주어졌을 가능성이 있었을 것이다."[213]라고 말했다.

즉, 독일에 대해 전쟁을 불사하는 강경한 태도를 동맹국들이 함께 취했었다면 2차 세계대전이 일어나지 않았을 것이라는 주장이다.[214] 결국, 단기적 평화를 위해 '독일의 주데텐란트 불법점령'을 승인한 체임벌린의 유화정책[215]이 2차 세계대전의 원인이라는 것이다.[216] 물론 '뮌헨합의'가 2차 세계대전의 중요한 원인 중 하나였음을 부정할 수는 없다.[217] 그러나 실제 현실은 세계대공황, 자본주의의 위기, 배타적 민족주의, 인종주의, 제국주의의 팽창정책, 히틀러라는

---

212. "Winston Churchill Quotes", *Military History Matters* (November 20, 2010), https://www.military-history.org/articles/winston-churchill-quotes.htm, accessed October 2021.

213. See Geoffrey K. Fry, *The Politics of Crisis: An Interpretation of British Politics, 1931-1945* (Palgrave Macmillan, 2001), p. 126.

214. See Justin D. Lyons, "Churchill and the Avoidable War by Richard M Langworth", *The Churchill Project* (December 2, 2015).

215. 'Appeasement Policy' 즉, '유화정책'이란 다른 사람 혹은 국가가 당신을 해하거나 혹은 당신에게 화내는 것을 방지할 목적으로 그들이 원하는 것을 제공해주는 정책이다. 이상혁, *supra* note 65, pp. 38-43 참고.

216. 이러한 맥락에서, 전쟁이 끝난 후 '2차 세계대전을 무엇이라 불러야 합니까?'라는 미국 대통령 Franklin D. Roosevelt의 질문에 대해, Winston Churchill은 "불필요한 전쟁"이라고 답변했다. See Geoffrey K. Fry, *supra* note 213, pp. 215-216.

217. 뮌헨합의를 통해 주데텐란트의 완전한 점령을 인정받은 나치 독일은 이후 체코슬로바키아 전역은 물론 폴란드까지 침략했고, 결국 2차 세계대전을 일으켰다. 이러한 역사적 경험 때문에 '뮌헨합의'와 '유화정책'은 특히 국제정치학 분야에서 2차 세계대전이라는 더 큰 위기를 만들어낸 잘못된 정책 혹은 실패한 정책이라고 일반적으로 평가받는다.

독특한 캐릭터의 정치인 등 수없이 다양한 원인이 복합적으로 작용하여 2차 세계대전이 발발했다는 것이다. 따라서 2차 세계대전의 원인이 오로지 '뮌헨합의' 혹은 '유화정책'이라고 판단하는 것은 인과관계 단순화의 오류에 불과하다.

현실 속 인간은 때로는 이성적이고 합리적이지만
때로는 전혀 비이성적이고 비합리적인
호모 사피엔스에 불과하다.
평범한 보통 인간인 독자 여러분과 필자 또한
때때로 논증에 성공하고 때때로 논증에 실패하기도 한다.

제3장

인지적 편향의
유형

기준점 편향

논리적 증명을 위해 극복해야 하는 인지적 편향의 대표적 유형 첫 번째는 '기준점 편향'이다. 한국어 '기준점'의 의미는 "계산하거나 측정할 때 기준이 되는 점"이다.[218] 영어 'Anchoring'은 "배가 움직이지 않고 정지하도록 닻을 물 아래로 내리는 것" 혹은 "닻으로 바다 밑바닥에 배를 정박하는 것"을 의미한다.[219] 결국 특정 정보를 마치 배를 정박시킬 때 사용되는 닻의 역할과 같은 기준점으로 받아들여 합리적 의사결정에 종종 실패하는 실제 인간의 모습을 설명하는

---

218. 국립국어원 표준국어대사전.

219. The term 'Anchoring' refers to "lowering an anchor into the water in order to stop a boat from moving away" (Cambridge Dictionary) or "mooring (a ship) to the sea bottom with an anchor" (Google Dictionary).

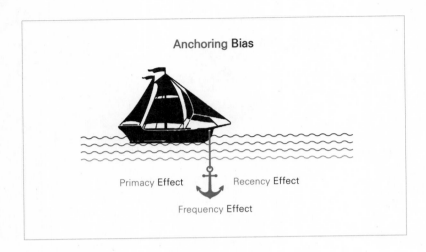

심리학적 용어가 기준점 편향이다.[220] 주로 최초의 정보, 최후의 정보, 그리고 최빈의 정보가 기준점으로 작용하여 인간의 합리적 의사결정을 왜곡한다. 이들 정보가 가지는 영향력을 각각 초두효과, 후두효과, 빈발효과라고 부른다.[221]

예컨대, "제가 작년에 처음 팀을 보았을 때, 그는 세상에서 가장 정직한 사람이라는 인상을 받았습니다."라는 A의 말에 대해 B가 "어제 팀은 마약 밀수 혐의로 체포되었습니다."라고 응답했다. 이에 A가 "말도 안 됩니다! 무슨 오해가 있는 것이 틀림없습니다."라고 대답한 것은 명백한 기준점 편향에 빠진 발언이다. A는 팀을 처음 만났

---

220. '기준점 편향'에 해당하는 영어 표현은 다음과 같다: Anchoring Bias, Anchoring Principle, Anchoring Effect, Primacy Effect, Recency Effect, Frequency Effect, Focalism 등.

221. '초두효과', '후두효과', '빈발효과'는 각각 'Primacy Effect', 'Recency Effect', 'Frequency Effect'를 번역한 표현이다.

Person-A:	When I saw Tim first last year, I got the impression that he was the most honest person in the world.
Person-B:	Yesterday, Tim was arrested for drug smuggling.
Person-A:	Nonsense! There must be some misunderstanding!

| Person-A: | In January 2000, the stock price of Apple was only about $0.33. Last week, it was about $130. |
| Person-B: | Today, the stock price of Apple is about $120. Therefore, I will buy more stocks of Apple because it is relatively cheap now. |

을 때 받았던 '첫인상' 즉, 팀에 대한 최초의 정보를 근거로 실제 그가 마약 밀수라는 범죄를 저질렀을 리가 없다는 판단을 내렸다. 문제는 그 어떤 증거도 확인해 보지 않은 채 팀의 무죄를 확신하는 듯 "무슨 오해가 있는 것이 틀림없습니다."라고 발언한 것이다. 이렇듯 첫인상의 초두효과로 인한 합리적 의사결정의 실패는 대표적인 기준점 편향의 사례이다.

다음으로, "2000년 1월 애플의 주가는 0.33달러였습니다. 지난주에는 130달러였습니다."라는 A의 발언에 대해 B가 "오늘 애플의 주가는 120달러입니다. 따라서, 지금 애플의 주가가 상대적으로 싸기 때문에 저는 애플 주식을 더 매수하겠습니다."라고 말한 것 또한 기준점 편향에 빠진 것이다. 주식 투자와 관련한 의사결정에 있어서는 흔히 최초의 정보가 아니라 최후 혹은 최신의 정보가 기준점으로

> " There is usually much more to gain by making the first move ...
> the initial offer is a better predictor of the final price than any other offer.
> It acts as an **"anchor"** that creates a strong pull throughout
> the negotiation, influencing your counterpart's judgment ... . "
>
> Adam Grant

작용하는 후두효과로 인해 합리적 의사결정의 실패가 벌어진다.[222] 즉, 최신의 지난주 가격 정보인 130달러를 기준으로 평가하면 오늘 120달러는 상대적으로 싸게 느껴지는 것이다.[223] 따라서 B는 '상대적으로 저렴한 가격'을 근거로 '애플 주식 추가 매수'라는 결론에 도달한 것이다.

기준점 편향을 보여 주는 역사적 사례 중 하나는 협상을 할 때 먼저 제안하는 것이 과연 유리한 협상 결과를 만들어 낼 수 있는지 여부와 관련한 논쟁에서 확인할 수 있다. 예컨대, 주택 매매 가격 협상에 참여하는 모든 당사자가 합리적이고 충분히 준비되었다면, 각

---

222. 주식 투자 관련 합리적 의사결정을 위해서는 매출액, 영업이익, 당기순이익, 영업이익률, 순이익율, 자기자본이익률, 부채비율, 당좌비율, 유보율, 주당 순이익, 주당 순자산가치, 주당 배당금, 시가배당률, 배당성향 등에 대한 기본적 분석이 필요하다.

223. 이에 반해, 상대적으로 오래된 가격 정보인 2000년 1월 0.33달러를 기준으로 평가하면, 오늘 120달러는 매우 비싼 가격이다.

자의 희망가격과 유보가격[224], 협상가능범위[225], 객관적 기준[226], 창의적 옵션[227], BATNA[228] 등을 고려하여 협상을 진행한 후 최종 매매 가격을 결정할 것이다. 만약 일방 당사자가 터무니없는 가격을 먼저 제시하면 오히려 합리적인 상대방의 반발을 사서 협상 자체가 무산될 수도 있다. 따라서 모든 당사자가 충분히 협상을 준비했고 합리적으로 의사결정을 한다면, 1차 제안을 누가 먼저 하는가 여부는 크게 중요하지 않다.[229]

그러나 현실 속 실제 인간은 기준점 편향에 빠져 합리적 의사결정에 종종 실패하기도 한다. 이에 미국 펜실베이니아대학교 와튼경영대학원의 애덤 그란트 교수는 다음과 같이 말했다. "일반적으로

---

224. 'Aspiration Price (AP)' 즉, '희망가격'은 자신의 이익을 최대화하는 가격이고, 'Reservation Price (RP)' 즉, '유보가격'은 자신의 이익을 최소화하는 가격이다. 만약 유보가격이 충족되지 않으면, 협상을 중단해야 한다.

225. 'Zone of Possible Agreement' (ZOPA) 즉, '협상가능범위'란 두 협상 당사자의 RP 간의 범위이다. 예컨대, 주택 매수자의 RP가 11억원이고 매도자의 RP가 9억원인 경우 ZOPA는 '11 – 9 = 2'이다. 2억원이라는 Positive ZOPA가 있기에 협상이 가능하다. 이에 반해, 주택 매수자의 RP가 9억원이고 매도자의 RP가 10억원인 경우 ZOPA는 '9 – 10 = –1'이다. –1억원이라는 Negative ZOPA가 있기에 원칙적으로 협상이 불가능하다.

226. 'Objective Standard' 즉, '객관적 기준'이란 자신의 제안을 협상 상대방이 받아들일 수 있도록 설득할 수 있는 객관적 기준이다. 예컨대, 주택공시가격, 실거래가격, 평수, 위치, 건축연도, 자재, 방과 화장실 수, 학군 등이 주택 가격을 결정하는 객관적 기준으로 활용될 수 있다.

227. 'Creative Option' 즉, '창의적 옵션'이란 외부적으로 드러난 표면적 '입장(Position)'이 아니라 감추어져 있는 내면적 '이익(Interest)'을 충족시켜 줌으로써 합의에 도달하도록 해주는 해결책이다. 예컨대, 표면적인 제시 가격의 차이에도 불구하고, 이사 날짜 조정, 인테리어 협조, 잔금 지급 방법 조정 등의 창의적 옵션을 통해 최종 합의에 도달할 수도 있다. 앞서 Negative ZOPA의 경우에도 창의적 옵션을 통해 상호이익을 충족시키는 방법으로 성공적인 협상을 진행해 볼 수 있다.

228. 'Best Alternative to a Negotiated Agreement' 즉, 'BATNA'란 협상에 의한 합의가 불가능할 경우 당사자가 취할 수 있는 최선의 대안이다. 예컨대, 협상에 실패할 경우 매도자에게는 전세 세입자, 월세 세입자, 또 다른 구매자 등의 대안이 있을 수 있는데, 이러한 대안 중 가장 자신에게 유리한 것이 BATNA이다. 따라서 BATNA보다 더 유리한 협상 결과를 얻을 수 없는 경우 반드시 협상을 중단하는 것이 합리적이다.

229. See Roger Fisher, *et al.*, *Getting to Yes: Negotiating Agreement without Giving In* (Penguin Books, 2011), pp. 169-170.

먼저 움직이면 더 큰 이익을 얻습니다 …… 다른 어떤 제안보다 최초의 제안이 최종 가격의 가장 좋은 예측 변수입니다. 최초의 제안은 마치 협상하는 내내 강하게 끌어당기는 힘을 만들어 내는 닻처럼 행동을 해서 상대방의 판단에 영향을 미칩니다."[230] 즉, 협상 당사자 일방이 먼저 제안하는 최초 가격이 기준점이 되어 결국 최종 가격에 영향을 미치는 기준점 편향이 현실적으로 벌어진다는 것이다. 물론 합리적 사고와 논리적 증명이 가능한 상대방에게는 이러한 기준점 편향에 따른 이익을 전혀 기대할 수 없다.

230. See Adam Grant, "Negotiation Advantage: Make the First Move", *Wharton Work*, https://execu tiveeducation.wharton.upenn.edu/wp-content/uploads/2018/03/1209-Negotiating-Advantage.pdf, accessed October 2021.

상대성 편향

논리적 증명을 위해 극복해야 하는 인지적 편향의 대표적 유형 두 번째는 '상대성 편향'이다. 한국어 '상대성'의 의미는 "사물이 그 자체로서 독립하여 존재하지 아니하고, 다른 사물과 의존적인 관계를 가지는 성질"이다.[231] 영어 'Relativity'는 "그 자체로서가 아니라 다른 것들과의 비교를 통해 판단되어지는 상태" 혹은 "절대적이고 보편적인 적용이 가능한 기준의 결여"를 의미한다.[232] 다음 페이지 그림의 두 개 보라색 원의 크기는 동일하다. 그러나 큰 원들에 둘러싸인 왼쪽의 보라색 원이 작은 원들에 둘러싸인 오른쪽의 것에 비

---

231. 국립국어원 표준국어대사전.

232. The term 'Relativity' refers to "the state of being judged in comparison with other things and not by itself" (Cambridge Dictionary) or "the absence of standards of absolute and universal application" (Google Dictionary).

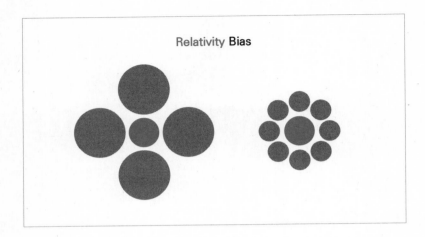

Relativity Bias

해 상대적으로 작게 인식된다.[233] 이렇듯 다른 사람 혹은 대상과의 상대적 비교 때문에 합리적 의사결정에 종종 실패하는 실제 인간의 모습을 설명하는 심리학적 용어가 상대성 편향이다.[234]

예컨대, 대형차를 소유한 A가 "이 자동차 좀 보세요! 중형차인 기아 옵티마는 우리에게 너무 작습니다. 훨씬 더 큰 자동차를 렌트하는 것이 좋겠습니다."라고 말했다. '기아 옵티마가 작다.'라는 A의 판단은 자신이 소유한 대형차의 크기와 비교한 전형적인 상대성 편향에 근거한 것이다. 이에 대해 소형차를 소유한 B가 "무슨 말입니까? 정말 그렇게 생각하세요? 기아 옵티마는 우리가 사용하기에 충분히 크고 공간도 넓습니다."라고 응답했다. '기아 옵티마가 크다.'

---

233. 비교가 되는 사람 혹은 대상이 합리적 의사결정을 방해하는 기준점 즉, 닻의 역할을 한다는 측면에서 상대성 편향은 기준점 편향과 유사한 측면이 있다. 자세한 내용은 "3.01. 기준점 편향" 참고.
234. '상대성 편향'에 해당하는 영어 표현은 다음과 같다: Relativity Bias, Relativity Trap, Relativity Mind Trap 등.

Person-A: (owing a full-size car)
           Look at this car! Kia Optima, a mid-size car, is too
           small for us. We'd better rent a much bigger one.

Person-B: (owning a compact car)
           What are you talking about? Are you sure?
           Kia Optima is big and spacious enough for us!

Person-A: There are 3 kinds of sandwiches available today:
           a regular one for $3.99, an economical one
           for $0.99, and a premium one for $7.99.
           Which one do you want to order?

Person-B: Let me see. The regular sandwich seems to be the
           best value. One regular sandwich and Coke, please!

라는 B의 판단 또한 자신이 소유한 소형차의 크기와 비교한 상대성 편향에 근거한 것이다. 이렇듯 우리가 일상에서 흔히 내리는 '크다' 혹은 '작다'라는 판단은 의식적으로 혹은 무의식적으로 설정한 비교 대상을 전제로 한 경우가 대부분이다.

다음으로, "오늘 주문 가능한 샌드위치는 3 종류입니다. 3.99 달러짜리 일반 샌드위치, 0.99달러짜리 저렴 샌드위치, 그리고 7.99 달러짜리 고급 샌드위치입니다. 무엇을 주문하시겠습니까?"라고 A 가 질문했다. 이에 대해 B가 "자 한번 보자. 일반 샌드위치가 가장 값어치가 있어 보이는데. 일반 샌드위치 1개와 콜라 주세요!"라고 답변했다면, B가 상대성 편향에 빠져 합리적 의사결정에 실패했을 가

> " The most straightforward retail pricing cue is a sale sign. It might take any of several familiar forms: "Sale!", "Reduced!", ... Such signs can be effective in signaling low prices to consumers and increasing sales for the retailer. "
>
> Philip Kotler

능성이 크다. 물론 일부 합리적 의사결정의 사례[235]를 부정할 수는 없지만, 다수의 보통 사람들은 왠지 0.99달러짜리 저렴 샌드위치는 상대적으로 너무 싸 보이고, 7.99달러짜리 고급 샌드위치는 상대적으로 너무 비싸 보여서, 적당한 가격으로 판단되는 3.99달러짜리 일반 샌드위치를 선택하는 경우가 많다.[236]

상대성 편향을 보여 주는 역사적 사례 중 하나는 경영학의 가장 중요한 분야 중 하나인 마케팅에서의 가격책정[237] 관련 논쟁에서 확인할 수 있다. 마케팅의 아버지로 평가받는 미국 노스웨스턴대학교 켈로그경영대학원의 필립 코틀러 교수는 "가장 직접적인 소매 가격책정의 신호는 세일 표시입니다. 이것은 "세일!", "가격인하!" ……등 여러 익숙한 형태를 취할 수 있을 것입니다. 그러한 세일 표시는 소비자에게 낮은 가격이라는 신호를 보내고 소매상의 판매를 증가

---

235. 식재료, 크기, 맛, 가격, 자신의 기호, 다른 가게의 샌드위치 가격 등 모든 요소를 고려한 합리적 의사결정의 결과가 일반 샌드위치일 가능성도 있다.

236. See Daniel Liberto, "Relativity Trap", *Investopia* (Oct. 15, 2019).

237. 'Pricing' 즉, '가격책정'이란 기업이 판매하고자 하는 상품 혹은 서비스의 가격을 결정하는 과정으로서 기업의 마케팅 계획에 있어 중요한 분야이다. See Michael R. Solomon and *et al.*, *Marketing: Real People Real Choices* (Pearson, 2012), pp. 340–346.

시키는 것에 효과적일 것입니다."라고 말했다.[238] 다시 말해, 상품 혹은 서비스의 판매를 증가시키는 대표적인 마케팅 전략 중 하나가 해당 상품 혹은 서비스의 원래 가격보다 낮은 가격으로 판매하는 가격 책정 즉, 세일이라는 것이다.

예컨대, 어제 백화점을 방문했을 때 관심이 갔었던 30만원짜리 구두에 오늘 "30% 세일"이라는 표시가 붙어 있다고 가정해 보자. 소수의 이성적이고 합리적인 소비자들은 필요성, 선호, 품질, 브랜드, 21만원이라는 가격[239], 경쟁상품의 가격, 대체상품의 가격 등을 고려하여 구매 여부에 대한 합리적 의사결정을 최종 내릴 것이다. 그러나 다수의 평범한 사람들은 '원래 가격 30만원'이라는 비교 대상에 비해 '세일 가격 21만원'이 상대적으로 매우 싸게 느껴져서 '충동적으로'[240] 구매하는 경우가 많다. 이것이 바로 상대성 편향에 의한

---

238. See Philip Kotler and et al., *Principles of Marketing: A Global Perspective* (Pearson, 2009), p. 290.

239. 원래 가격 30만 원에서 30%를 인하한 상품의 가격은 21만원이다. 즉, '(30만원 – (30만원×30%)) = 21만원'이다.

240. 한편, 기업 혹은 판매자의 입장에서는 이러한 소비자의 비합리성을 역으로 활용한 가격책정을 통해 상품 혹은 서비스의 판매를 증가시키는 마케팅 전략을 활용한다. 예컨대, 해당 상품 혹은 서비스의 'Price Elasticity of Demand' 즉, '수요에 대한 가격 탄력성'을 면밀하게 계산하여 어느 정도의 세일을 할 것인지에 대한 합리적 의사결정을 내린다. '수요에 대한 가격 탄력성'은 가격의 변화에 따른 상품 혹은 서비스에 대한 수요의 변화를 표시하는 경제 측정치로서 다음과 같이 계산한다. 'Price Elasticity of Demand = (% Change in Quantity Demanded) / (% Change in Price)'.

합리적 의사결정의 실패이다.[241] 만약 여전히 구매를 망설이고 있는 당신 앞에 "30% 세일 + 30% 추가 세일"[242]이라는 새로운 표시가 붙으면, 도저히 그냥 돌아서기는 힘들 것이다.

---

241. '모든 인간은 합리적이다.'라는 소위 'homo economicus' 즉, '경제적 인간'을 전제했던 Adam Smith를 비판하고 등장했던 John Maynard Keynes는 'Animal Spirits' 즉, '야수적 충동'이라는 표현으로 '인간의 비합리성' 혹은 비합리적 의사결정에 영향을 미치는 '인간의 감정'을 설명했다. 이후 신케인스주의 성향의 2001년 노벨경제학상 수상자 George Akerlof와 2013년 노벨경제학상 수상자 Rober J. Shiller는 '야수적 충동'이라는 제목의 책을 출간하기도 했다. 한편, 행동경제학자들은 '야수적 충동' 대신 'Bias or Heuristic' 즉, '편향 혹은 휴리스틱'이라는 표현을 주로 사용한다. See John Maynard Keynes, supra note 85; and George A. Akerlof and Robert J. Shiller, Animal Spirits: How Human Psychology Drives the Economy, and Why it Matters for Global Capitalism (Princeton University Press, 2010).

242. 합리적 의사결정에 실패하는 다수의 보통 사람들은 '30% + 30% = 60%이니까, 와! 60%나 세일을 하네!'라고 생각하고 세일 가격을 12만원으로 착각한다. 즉, '(30만원 − (30만원×60%)) = 12만원'이다. 그러나 실제 계산은 그렇지 않다. 30% 세일한 가격이 21만원이고, 이 21만원에서 다시 30% 세일한 가격은 14만7천원이다. 즉, '(21만원 − (21만원×30%)) = 14.7만원'이다. "30% 세일 + 30% 추가 세일"은 60% 세일(세일 가격 12만원)이 아니고 실제로는 51% 세일(세일 가격 14.7만원)에 불과하다. 결국, "51% 세일"이 아니라 "30% 세일 + 30% 추가 세일"이라고 표시하는 것 또한 상대성 편향으로 인해 합리적 의사결정에 실패하는 다수의 소비자들을 대상으로 하는 마케팅 방법 중 하나이다.

확증 편향

논리적 증명을 위해 극복해야 하는 인지적 편향의 대표적 유형 세 번째는 '확증 편향'이다. 한국어 '확증'의 의미는 "확실히 증명함 또는 그런 증거"이다.[243] 영어 'Confirmation'은 "무엇이 참이라는 선언 또는 증거" 혹은 "참 또는 정확함을 확고히 하는 것"을 의미한다.[244] 다음 페이지 그림과 같이, 마치 '보라색 네모'라는 안경을 끼고 그것과 일치하는 것은 참이라고 수용하고, 불일치하는 것은 거짓이라고 거부하는 것이다. 결국 이미 가지고 있는 믿음 혹은 주장[245]을

---

243. 국립국어원 표준국어대사전.

244. The term 'Confirmation' refers to "a statement or proof that something is true" (Cambridge Dictionary) or "establishing the truth or correctness of (something previously believed, suspected, or feared to be the case)" (Google Dictionary).

245. 사실인지 혹은 진실인지에 대한 합리적 '판단(Judice)' 이전에 '미리(Pre)' 마음 속에 가지고 있는 고정적인 관념이나 관점이 바로 'Prejudice' 즉, '선입관'이다.

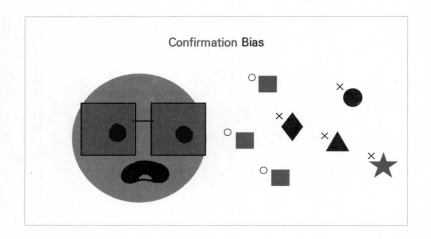

좀더 확고하게 지지하는 정보는 받아들이고 그렇지 않은 것은 거부하기 때문에 합리적 의사결정에 종종 실패하는 실제 인간의 모습을 설명하는 심리학적 용어가 확증 편향이다.[246] 즉, 보고 싶은 것만 보고 듣고 싶은 것만 듣는 것이다.

예컨대, "세상의 모든 사과는 빨간색임이 틀림없습니다. 이 사과도 빨간색, 저 사과도 빨간색 …… 이 모든 사과가 빨간색입니다."라고 A가 말했다. 즉, A는 나름의 근거를 가지고 '세상 모든 사과는 빨간색이다.'라는 판단을 내렸다. 이에 대해, B가 "당신은 틀렸습니다. 이 녹색 사과를 보십시오. 이 사과를 제가 어제 월마트에서 구입했습니다."라고 말했다. 즉, A의 판단에 일치하지 않는 새로운 정보를 제시한 것이다. 그러나 A는 자신의 이전 판단을 수정하지 않은

---

246. '확증 편향'에 해당하는 영어 표현은 다음과 같다: Confirmation Bias, Confirmatory Bias, Congeniality Bias 등.

채, "제게 거짓말하지 마세요! 당신은 이 사과를 녹색으로 칠하고서 나를 속이려 하는 것입니까?"라고 말했다. 즉, A는 자신의 판단에 일치하는 정보만 수용하고 불일치하는 정보는 거부함으로써 합리적 의사결정에 실패하는 확증 편향에 빠졌다.

다음으로, "최근 학생 회장으로 선출된 캐서린을 알고 있습니까? 학업 성취도 측면에서 그녀는 대단한 학생임이 틀림없습니다. 지난 학기에 그녀는 영어, 생물, 화학에서 A+ 점수를 받았습니다."라고 A가 말했다. 즉, A는 영어, 생물, 화학 과목의 우수한 성적을 근거로 '캐서린의 학업 성적이 뛰어나다.'라는 판단을 내렸다. 이에 대해, B가 "사실, 그녀는 대수학과 물리에서 C- 점수를 받았습니다."

> " People with A blood type are sensitive, cooperative, emotional, passionate and clever. They are very patient, loyal and love peace and thus do not like to get into a fight with anyone. But sometimes these people become overly sensitive. They do not like to break the rules set down by society and care about etiquette and social standards. "
>
> *The Times of India*

라고 응답했다. 즉, A의 판단을 오히려 부정하는 대수학과 물리 과목의 나쁜 점수를 근거로 제시했다. 그럼에도 불구하고 A는 자신의 이전 판단을 수정하지 않은 채, "말도 안 됩니다! 그 나쁜 성적은 아마도 다른 사람의 것임이 틀림없습니다."라고 말했다. 이것 또한 전형적인 확증 편향이다.

　확증 편향을 보여 주는 역사적 사례 중 하나는 혈액형과 성격의 관계에 관한 논쟁에서 확인할 수 있다. 인도의 한 언론에 다음과 같은 기사가 실렸다. "A형 사람들은 민감하고, 협력적이고, 감성적이고, 열정적이며, 영리하다. 그들은 인내심이 있고, 충성스러우며, 평화를 사랑한다. 그래서 누구와도 싸우는 것을 좋아하지 않는다. 그러나 가끔 그들은 지나치게 민감하게 된다. 그들은 사회가 정한 규칙을 위반하는 것을 좋아하지 않고 에티켓과 사회적 기준에 관심을 가진다."[247] 예컨대, 가장 많이 언급되는 'A형은 소심하다.'라는 판단을 가지고 소심한 사람을 볼 때마다 "당신 혹시 A형 아닙니까?"

---

247. See "What's Your Blood Group?: The Answer Might Reveal Some Interesting Things About You", *The Times of India* (April 24, 2019).

라고 질문해 본다. 만약 A형이 맞다면, '그래! A형은 소심하다니까!' 라고 기존 판단을 더욱 확신하게 된다.

문제는 기존 판단을 부정하는 새로운 정보를 접할 때 벌어진다. 예컨대, 전혀 소심하지 않은 A형을 만날 때면, '어! 저 사람은 A형 같지 않은 A형이네!'라고 생각하고 기존 판단을 전혀 수정하지 않는 것이다. 이것이 바로 혈액형을 근거로 그 사람의 성격, 기질, 다른 사람과의 관계를 예측할 수 있다는 소위 '혈액형 성격 이론'의 문제점이다. 이러한 유사과학적 주장[248] 혹은 미신[249]은 주로 일본과 한국에서만 유행했다. 1927년 동경여자사범학교 타케지 푸루카와 교수의 논문[250]에서 처음 제시된 이 이론은 1970년대 언론인 마사히코 노미의 여러 책들에 의해 일본 사회에 대중화되었다.[251] 이후 관련 내용이 한국으로 전해져서 혈액형과 성격·심리의 관계에 대해 많은 한

---

248. '유사과학적 주장'은 'Pseudoscientific Argument'를 번역한 표현이다. 'The Blood Type Personality Theory' 즉, '혈액형 성격 이론'은 과학적 근거가 없는 유사과학적 주장에 불과하다. See *supra* note 149.

249. 'Superstition' 즉, '미신'이란 "비과학적이고 비합리적으로 여겨지는 믿음 또는 그런 믿음을 가지는 것"(국립국어원 표준국어대사전) 혹은 "인간의 이성 혹은 과학적 지식에 근거하지 않고 마술 등에 관한 오래된 생각과 관련된 믿음"(belief that is not based on human reason or scientific knowledge, but is connected with old ideas about magic, etc.) (Cambridge Dictionary) (Underline Added)이다. 즉, 미신을 믿고 그에 따라 행동하는 것 또한 확증 편향에 빠져 논리적 증명과 합리적 의사결정에 실패하는 대표적인 사례이다. 한편, 'Cult' 즉, '사이비종교'에 빠져 잘못된 종교적 신념과 확신을 버리지 못하는 사람들의 심리 상태도 확증 편향이라는 개념으로 설명할 수 있다.

250. 유럽인들 중에는 B형보다 A형이 더 많고, 아시아인들 중에는 A형보다 B형이 더 많다. 이와 관련 독일의 과학자 Emil von Dungern은 'B형은 열등하다.'라고 주장했다. 이것은 'B형이 많은 아시아인들은 열등하고, A형이 많은 유럽인들은 우월하다.'라는 과학적 근거가 없는 인종주의적 발언에 불과하다. 이에 대한 반발로 일본의 과학자 Takeji Furukawa는 'B형은 적극적이고, A형은 소극적이다.'라는 주장을 제시했다. See Takeji Furukawa, "A Study of Temperament and Blood-Groups", *The Journal of Social Psychology* (1930), Volume 1, Issue 4, pp. 494-509.

251. See "Masahiko Nomi", Wikipedia.

국인들이 관심을 가지게 되었다.[252]

252. 이경기, 『혈액형 인간학 A형』, 김&정 (2006); 오기현, 『혈액형과 성격』, 다온출판사 (2011); 김주원, 『혈액형 심리 테스트』, 문원북 혁학신서 (2013); 및 김경아, 『사랑 우정 성격 맞아! 맞아! 혈액형』, 텐텐북스 (2015) 참고.

3.04.

친화도 편향

논리적 증명을 위해 극복해야 하는 인지적 편향의 대표적 유형 네 번째는 '친화도 편향'이다. 한국어 '친화도'의 의미는 "사이좋게 잘 어울리는 정도"이다.[253] 영어 'Affinity'는 "특별히 공통된 특징 때문에 누군가에 대한 또는 무엇에 대한 좋아함 또는 공감" 혹은 "누군가에 대한 또는 무엇에 대한 자발적이거나 자연스러운 좋아함 또는 공감"을 의미한다.[254] 결국 비슷한 이익, 경험, 배경 등을 공유하는 사람과 대상에 대해 좀더 호감을 가지기 때문에 합리적 의사결정에 종종 실패하는 실제 인간의 모습을 설명하는 심리학적 용어가 친

---

253. 국립국어원 표준국어대사전.

254. The term 'Affinity' refers to "a liking or sympathy for someone or something, especially because of shared characteristics" (Cambridge Dictionary) or "a spontaneous or natural liking or sympathy for someone or something" (Google Dictionary).

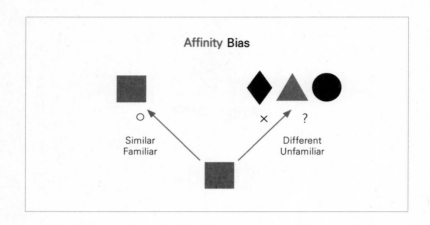

Affinity Bias

Similar Familiar

Different Unfamiliar

화도 편향이다.[255] 즉, 자신과 비슷하거나 익숙한 것에 대해서는 옳다고 생각하고, 자신과 다르거나 익숙하지 않은 것에 대해서는 틀렸다고 생각하는 경향을 말한다.

예컨대, "새로운 재무부사장으로 누구를 더 선호하십니까?"라고 A가 질문했다. 이에 대해 B는 "저는 샘 골드스미스에 비해서는 토마스 프리드먼이 재무부사장으로서 좀더 좋은 후보자라고 생각합니다."라고 자신의 의견을 제시했다. 이러한 의견의 근거로 B는 "사실 저는 토마스와 같은 동네에서 자랐습니다. 더욱이 저와 마찬가지로, 그는 영문학 학사를 마친 후 경영학 석사를 취득했습니다."라는 사실을 덧붙였다. 즉, B는 '같은 동네'와 '같은 학사 및 석사 학위'를 근거로 '토마스가 좋은 후보자'라는 결론에 도달한 것이다. 결국, B는 자신과 비슷하거나 익숙한 배경을 가지고 있는 것을 더 좋아하거

---

255. '친화도 편향'에 해당하는 영어 표현은 다음과 같다: Affinity Bias, Similarity Bias 등.

Person-A:	Which one do you prefer as a new VP of finance?
Person-B:	I think Thomas Friedman is a much better candidate for Vice President of finance, compared with Sam Goldsmith. In fact, I was raised in the same town with Thomas. Moreover, just like me, he earned his MBA after completing B.A. in English literature.

Person-A:	How was your first day in the new school?
Person-B:	It was terrible. I could not fully understand what they were talking about because of their unique accent and local dialect. In addition, they all wear black or gray clothes, which is unfamiliar for me. It seems that all the students in my class hate me.

나 옳다고 생각함으로써 논리적 증명과 합리적 의사결정에 실패하는 친화도 편향에 빠진 것이다.[256]

다음으로, "새로 전학한 학교에서의 첫 날이 어떠했습니까?" 라는 A의 질문에 대해 B는 "끔찍했습니다."라고 대답했다. 이에 더해, B는 "그들의 독특한 억양과 지방 방언 때문에, 저는 그들이 말하는 것을 완전히 이해할 수 없었습니다. 또한 그들은 모두 검은색 혹은 회색 옷을 입고 있는데, 저에게는 매우 낯설었습니다."라고 앞서

---

256. 기업의 글로벌 경쟁력 확보를 위해 필요한 요소 중 하나가 'Cultural Diversity' 즉, '문화적 다양성'의 유지이다. 그러나 상당수의 글로벌 기업들이 친화도 편향에 빠져 다양한 배경의 인재를 채용하지 못하는 문제가 여전히 발생하고 있다. See Ruchika Tulshyan, "How to Reduce Personal Bias When Hiring", *Harvard Business Review* (June 28, 2019).

'끔찍하다'고 판단했던 이유를 설명했다. 그리고 B는 "우리 반의 모든 학생들이 저를 미워하는 것 같습니다."라는 의견을 덧붙였다. 즉, B는 '다른 억양', '다른 방언', '다른 옷 색깔'을 근거로 '끔찍하다'와 '미워한다'라는 결론을 내렸다. 이것 또한 자신과 비슷하거나 익숙한 것은 좋거나 옳고, 자신과 다르거나 익숙하지 않은 것은 싫거나 틀렸다고 생각하는 친화도 편향이다.

친화도 편향을 보여 주는 역사적 사례 중 하나는 '다문화주의' 혹은 '이민정책'과 관련한 미국 사회의 논쟁에서 확인할 수 있다. 『문명의 충돌』[257]의 저자인 하버드대학교 새뮤얼 헌팅턴 교수는 2005년에 출간한 책을 통해 미국의 문화, 역사, 언어도 제대로 모른 채 미국이라는 정체성에 편입되기를 거부하는 새로운 이민자들 특히, 라틴 계통의 이민자들이 미국 사회의 정체성에 큰 위협이 된

---

257. See Samuel P. Huntington, *supra* note 74.

다고 주장했다.[258] 한편, 예일대학교의 에이미 추아 교수는 지난 수천 년 동안 초강대국 즉, 제국이 흥하고 망했던 근본적인 원인이 다른 문화·인종·종교 등에 대한 '관용'의 유무였다고 지적하고, 오히려 '관용'을 부정하는 새뮤얼 헌팅턴과 같은 사람들이 미국 사회를 위협에 빠트리고 있다고 비난했다.[259]

예컨대, 에이미 추아는 다음과 같이 말했다. "그들 사이의 큰 차이점에도 불구하고, 역사상 초강대국은 모두 초강대국의 지위에 오르는 동안 매우 다원적이고 관용적이었다. 정말로, 모든 경우에 헤게모니를 달성하는데 관용이 필수적인 요소였다. 놀랍게도 제국의 쇠퇴는 불관용, 외국인혐오, 인종적·종교적·민족적 순수성에 대한 외침과 반복적으로 일치했다."[260] 즉, 초강대국이라는 미국의 세계적 지위를 지속적으로 유지하기 위해서는 '관용'[261]으로 상징되는 보다 적극적인 다문화주의와 이민정책이 필요하다는 것이 에이미

---

258. 미국의 주류사회를 구성하는 'WASP' (White Anglo-Saxon Protestant) 즉, '백인 앵글로색슨 개신교도'의 입장에서 'Multi-culturalism' 즉, '다문화주의'란 WASP 본인들을 중심으로 다양한 문화와 인종이 조화를 이루며 살아가는 것이다. 이러한 다문화주의를 흔히 'Melting Pot' 즉, '용광로'라는 비유적 용어로 표현한다. 새로운 이민자에 대한 소극적이고 부정적인 태도가 결국 미국 공화당의 이민정책으로 이어졌다. See Samuel P. Huntington, *Who Are We?: The Challenges to America's National Identity* (Simon & Schuster, 2005).

259. WASP 중심의 '용광로'라는 다문화주의의 개념에 저항하는 소수 민족 계열의 이민자들이 제기하는 'Salad Bowl' 즉, '샐러드 그릇'이라는 새로운 개념의 다문화주의이다. 다시 말해, 다양한 문화와 인종이 마치 샐러드의 여러 재료들처럼 각자의 독특한 특징을 잃지 않은 채 전체로서 조화되어야 한다는 의미의 다문화주의이다. 새로운 이민자에 대한 적극적이고 긍정적인 태도가 결국 미국 민주당의 이민정책으로 이어졌다. See Amy Chua, *Day of Empire: How Hyperpowers Rise to Global Dominance and Why They Fall* (Knopf Doubleday Publishing Group, 2007).

260. See Amy Chua, *id.*, p. xxi.

261. The term 'Tolerance' refers to "willingness to accept behaviour and beliefs that are different from your own, although you might not agree with or approve of them". Cambridge Dictionary.

추아의 주장이다. 결국 문화·인종·종교 등에 있어서의 다름과 차이을 기꺼이 받아들이는 '관용[262]'은 다르거나 낯선 것을 싫어하거나 틀렸다고 생각하는 친화도 편향을 벗어난 것이다.

---

262. 문화적 차이와 다름을 기꺼이 받아들인다는 측면에서 '관용'의 개념은 'Cultural Relativism' 즉, '문화적 상대주의'와 연결된다.

3.05.

사후설명 편향

논리적 증명을 위해 극복해야 하는 인지적 편향의 대표적 유형 다섯 번째는 '사후설명 편향'이다. 예측, 선견지명을 뜻하는 영어 'Foresight'의 반대 말인 'Hindsight'의 의미는 "어떤 사건 또는 상황이 이미 벌어진 후에야만 그것을 이해할 수 있는 능력" 혹은 "어떤 상황 또는 사건이 벌어졌거나 전개된 후에야 그것을 이해하는 것"이다.[263] 과거 시점을 기준으로 보면 미래에 무슨 일이 일어날지 전혀 예상하지 못했음에도 불구하고, 현재 시점에서 과거를 뒤돌아 보며 마치 그렇게 될 것을 미리 예측했었던 것처럼 생각하기 때문에 합리적 의사결정에 종종 실패하는 실제 인간의 모습을 설명하는 심리

---

263. The term 'Hindsight' refers to "the ability to understand an event or situation only after it has happened" (Cambridge Dictionary) or "understanding of a situation or event only after it has happened or developed" (Google Dictionary).

학적 용어가 사후설명 편향이다.[264] 즉, '진작 그렇게 될지 알고 있었어!'라고 착각하는 것이다.[265]

　　예컨대, "오늘 저녁 월드컵 준결승 경기에서 어느 나라가 승리할까요? 한국 아니면 일본 누가 승리할까요?"라는 A의 질문에 대해 B가 "저는 정확하게는 모르겠습니다. 그러나 저는 한국이 오늘 경기에서 승리하기를 진심으로 바랍니다!"라고 대답했다. 경기가 끝난 후 B가 "와우! 봤어요? 제가 한국이 승리할 것이라고 예측했잖아요!"라고 말하는 것은 전형적인 사후설명 편향이다. 사실 경기가 시작되

---

264. '사후설명 편향'에 해당하는 영어 표현은 다음과 같다: Hindsight Bias, Knew-It-All-Along Phenomenon, Creeping Determinism 등.

265. 사후설명 편향의 단계를 다음과 같이 구분할 수 있다. 제1단계는 'I SAID it would happen.'(그렇게 될 거라고 내가 말했잖아.)와 같은 'Memory Distortion' 즉, '기억 왜곡'의 단계이다. 제2단계는 'IT HAD to happen.'(그렇게 될 수밖에 없었어.)와 같은 'Inevitability' 즉, '불가피성'의 단계이다. 3단계는 'I KNEW it would happen.'(그렇게 될 거라는 것을 내가 알고 있었어.)와 같은 'Predictability' 즉, '예측 가능성'의 단계이다. See Simon Moesgaard, "Hindsight Bias: Why We View Events as More Predictable than They Really Are", *Reflected On the Mind* (September 13, 2013).

Person-A:	Which country would win the World Cup semi-final game tonight? Korea or Japan?
Person-B:	I don't know exactly. But I really wish Korea would win the game!
(After the end of the game)	
Person-B:	Wow! See? I predicted that Korea would win!

Person-A:	How was your final exam today in school? I wish your academic performance in this semester would improve much more than that of the previous one.
Person-B:	So sorry, Mom! I did a lot of mistakes in English and Algebra today.
Person-A:	I said repeatedly that you had to study harder! I knew you would do such mistakes again!

기 전까지만 해도 A는 한국의 승리를 전혀 예상하지 못했고, 다만 한국의 승리를 희망할 뿐이었다. 그러나 한국의 승리로 경기가 이미 끝난 후에는 마치 과거에도 자신이 한국의 승리를 예측했었던 것과 같이 착각하고 발언하는 것은 논리적 증명과 합리적 의사결정을 방해하는 사후설명 편향에 불과하다.

다음으로, "오늘 학교에서 기말 시험 잘 봤니? 지난 학기에 비해 이번 학기 시험성적이 많이 좋아지기를 기대한다."라고 A가 말했고, 곧이어 B가 "미안해요 엄마! 오늘 영어와 대수학에서 실수를 많이 했어요."라고 대답했다. 이에 A가 "더 열심히 공부해야 한다고 내가 얼마나 반복해서 말했니! 네가 또 그렇게 실수할 거라고 알고 있

> " [It is] much easier after the event to sort the relevant from the irrelevant signals. After the event, of course, a signal is always crystal clear; we can now see what disaster it was signaling since the disaster has occurred. But before the event it is obscure and pregnant with conflicting meanings. "
>
> Roberta Wohlstetter

었어!"라고 말하는 것 또한 명백하게 사후설명 편향에 빠진 것이다. 사실 A는 처음 질문할 때만 해도 B의 실수 여부를 전혀 알지도 예상하지도 못했었다. 오히려 지난 학기에 비해 B의 성적이 향상되리라는 부푼 기대마저 품고 있었다. 그러나 B의 이야기를 듣고 난 후 마치 처음부터 B가 실수할 것이라는 것을 알고 있었다는 듯이[266] 말하는 것은 사후설명 편향에 불과하다.

사후설명 편향을 보여 주는 역사적 사례 중 하나는 2001년 9/11 테러 관련 논쟁에서 확인할 수 있다. 테러집단 알카에다의 공격에 의해 무너진 세계무역센터와 미국 국방성의 모습이 언론 매체를 통해 전파되자 미국은 물론 전세계가 큰 충격에 빠졌다. 이에 다수의 언론은 새뮤얼 헌팅턴 교수가 오래 전부터 '경고'했었던 문명의 충돌 즉, 서구 문명에 대한 이슬람 문명의 공격이라는 관점에서

---

266. 흔히 '우물쭈물 하다가 내 이럴 줄 알았어.'라고 번역되는 아일랜드의 극작가 Bernard Show의 'Epigraph' 즉, '묘비문'에서도 사후설명 편향이 발견된다. 죽음에 이른 지금에서야 이렇게 된 것을 알았음에도 불구하고 마치 오래전 젊은 시절부터 이렇게 될 것을 미리 알고 있었다고 착각하는 것이다. 묘비문의 원문은 다음과 같다. "I knew if I waited around long enough something like this would happen."

9/11 테러를 해석했다.[267] 또한 FBI, CIA 등 미국 정부의 관련 기관들이 테러를 '경고'하는 여러 차례의 명백한 신호들을 무시했었다는 비난도 제기되었다.[268] 결국 테러 가능성에 대한 경고에 귀를 기울였다면 9/11 테러를 충분히 막을 수 있었다는 사후설명 편향에 근거한 주장들이 마구 쏟아진 것이다.

한편, 2002년 설립된 '9/11 위원회'[269]는 250만 페이지의 서류 검토, 10개국에 걸친 1,200명에 대한 인터뷰, 160명의 증인이 출석한 19일 동안의 공청회 등을 거쳐 2004년 『9/11 위원회 보고서』를 최종 발표했다. 보고서는 9/11 테러와 관련한 사후설명 편향의 문제를 언급하고, 과거 '진주만 공습' 관련 동일한 지적을 했었던 로베타 홀스테터의 말을 인용한다. "사건이 발생한 이후에 부적절한 신호와 적절한 신호를 분류하는 것은 훨씬 더 쉽습니다. 물론, 사건이 발생한 이후에는 신호가 아주 분명합니다. 이미 재앙이 벌어졌기 때문에, 지금 우리는 그러한 신호가 무슨 재앙을 알려주었던 것인지 알 수 있습니다. 그러나 사건이 발생하기 전 그 신호는 모호하고 상

---

267. See Samuel P. Huntington, *supra* note 74.

268. See "Bush Warned of Hijackings Before 9-11", *ABC News* (January 8, 2006); Barbara Maranzani, "How U.S. Intelligence Misjudged the Growing Threat Behind 9/11", *History* (September 10, 2019); and "September 11 Warning Signs Fast Facts", *CNN Editorial Research* (September 2, 2020).

269. 'The National Commission on Terrorist Attacks Upon the United States (a.k.a. '9/11 Commission') 즉, '9/11 위원회'는 '9월 11일 공격을 둘러싼 상황에 대한 충분하고 완벽한 설명을 준비'할 목적으로 2002년 11월 27일 의회 입법으로 설립되었다. 뉴저지 주지사 Thomas Kean이 위원장을 맡았고, 민주당 5명과 공화당 5명 즉, 초당적 위원 10인이 참여했다.

충되는 의미를 품고 있습니다."[270]

---

270. See The National Commission on Terrorist Attacks, *The 9/11 Commission Report: Final Report of the National Commission on Terrorist Attacks Upon the United States* (W.W. Norton & Company, July 17, 2004), p. 339.

3.06.

대표성 편향

논리적 증명을 위해 극복해야 하는 인지적 편향의 대표적 유형 여섯 번째는 '대표성 편향'이다. 한국어 '대표성'의 의미는 "어떤 조직이나 대표단 따위를 대표하는 성질이나 특성"이다.[271] 영어 'Representativeness'는 "사람 또는 물건으로 구성된 큰 집단에서 다른 것들과 똑같거나 전형적인 특징"을 의미한다.[272] 다음 페이지 그림의 A는 다양한 색깔과 모양으로 구성되어 있다. 그런데 만약 'A의 특징은 보라색 원이다.'라고 말한다면, 이것은 대표성 편향 때문이다. 즉, 모집단의 본질적 특징과 비슷하거나 현저하게 두드러지는

---

271. 국립국어원 표준국어대사전.

272. The term 'Representativeness' refers to a quality of being "typical of, or the same as, others in a larger group of people or things". Cambridge Dictionary.

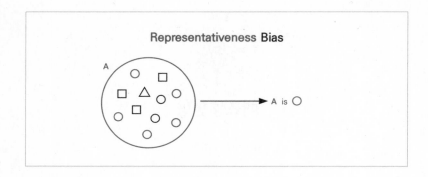

특징으로 인해 특정 표본이 전체 모집단의 대표성을 지니는 것처럼 생각하기 때문에 합리적 의사결정에 종종 실패하는 실제 인간의 모습을 설명하는 심리학적 용어가 대표성 편향이다.[273]

예컨대, "정부가 발표한 사회적 거리두기 권고를 준수해서, 저는 지난 2주 동안 혼자 집에서 일했습니다. 그러나 어제부터 고열에 시달리고 있습니다."라고 A가 말했다. 이에 대해 B가 "어머나 세상에! 당신은 코로나에 감염된 것이 틀림없습니다!"라고 말한 것은 전형적인 대표성 편향이다.[274] COVID-19 즉, 코로나 바이러스에 감염되면 고열, 마른 기침, 피로감, 몸살, 인후통, 설사, 결막염, 두통, 미각 상실, 후각 상실, 피부 발진, 손가락 변색 등 매우 다양한 증상이 나타난다. 물론 '고열'이 대표적인 증상임을 부정할 수는 없다. 그럼에도 불구하고 '고열'이라는 하나의 특징만을 근거로 '코로나 감염'

---

273. '대표성 편향'에 해당하는 영어 표현은 다음과 같다: Representativeness Bias, Fallacy of Stereotyping 등.

274. 지난 2주 동안 집에서 혼자 재택근무를 함으로써 사회적 거리두기 권고를 철저하게 준수한 B가 (다른 사람들과의 접촉을 통해 전파되는) 코로나 바이러스에 감염되었을 확률 혹은 가능성은 현실적으로 매우 낮다. 대표성 편향의 중요한 특징 중 하나가 바로 이러한 낮은 확률 혹은 가능성을 지나치게 높을 것이라고 오해하는 것이다.

Person-A:	Abiding by the recommendation of social distancing issued by the government, I have worked at home alone for the past 2 weeks. However, from yesterday, I have been suffering from high fever.
Person-B:	Oh my God! You must be infected of COVID-19!

Person-A:	Tonight, I am scheduled to have a blind date with a man. This is his picture from Facebook
Person-B:	Let me see! Look at the black turtleneck, the blue-jeans and the white sneakers he is wearing! Certainly, he must be an entrepreneur of a newly-founded start-up.

이라는 결론에 도달한 것은 대표성 편향 때문에 벌어진 합리적 의사결정의 실패에 불과하다.

다음으로, "오늘 저녁에 저는 어떤 남자와 소개팅을 할 예정입니다. 이것이 페이스북에서 가지고 온 그 사람 사진입니다."라고 A가 말했다. 이에 대해 B가 "잠깐 볼게요! 그 사람이 입고 있는 검은색 목티, 청바지 그리고 흰색 운동화 좀 보세요! 그 사람은 확실히 최근 설립된 스타트업의 창업자임이 틀림없습니다."라고 말한 것 또한 대표성 편향에 빠진 것이다. 지금은 고인이 된 애플의 창업자 스티브 잡스의 평소 모습과 '비슷한 옷과 신발'을 착용한 것만을 근거로 소개팅할 남자의 직업이 '창업자'일 것이라고 생각하는 것은 대표성 편향 때문에 벌어진 합리적 의사결정의 실패에 불과하다. 즉, 창업

> " One of the prominent examples of CNN effect may be found in
> the case of the *Tiananmen* Square crisis in 1989, which was
> broadcast all over the world especially through CNN.
> The graphic image of a pro-democracy student without any armaments
> standing in front of numerous armored vehicles of People's
> Liberation Army shocked the whole world and led to serious political
> concerns over the situations of human rights in China. "
>
> Sanghyuck LEE

자는 이럴 것이라는 '고정관념'[275]이 대표성 편향을 일으키는 원인 중 하나이다.

대표성 편향을 보여 주는 역사적 사례 중 하나는 소위 'CNN 효과'와 관련한 논쟁에서 확인할 수 있다. CNN 효과란 냉전 이후 CNN으로 상징되는 새로운 미디어의 등장이 국제사회에서 행해지는 국가들의 외교정책에 중대한 영향을 미치고 있다는 정치학 혹은 미디어 연구에서의 한 이론이다.[276] 예컨대, 필자는 이전 졸저에서 다음과 같이 설명한 바 있다. "특별히 CNN을 통해 전세계로 전파된 1989년 천안문 광장 사태에 관한 보도가 대표적인 CNN 효과의 사례 중 하나이다. 아무런 무장도 하지 않은 채 수많은 인민해방군 장갑차 앞에 서서 민주주의를 요구하는 학생의 그래픽 이미지가 전세

---

275. 'Stereotype' 즉, '고정관념' 혹은 '정형화된 생각'이란 "누군가는 혹은 무엇은 그러할 것이라고 사람들이 가지고 있는 고정된 생각, 특별히 옳지 않은 틀린 생각"(a set idea that people have about what someone or something is like, especially an idea that is wrong)을 의미한다. Cambridge Dictionary.

276. See 이상혁, *supra* note 87, pp. 46-53; and Piers Robinson, "Media as a Driving Force in International Politics: The CNN Effect and Related Debates", *E-International Relations* (September 17, 2013).

계를 충격에 빠트렸고, 중국의 인권 상황에 대한 심각한 정치적 우려를 불러일으켰다."[277]

CNN이라는 매체를 통해 전파된 '천안문 광장 사태의 그래픽 이미지'가 매일 24시간 반복적으로 전세계에 보도되자 그것을 TV를 통해 생생하게 지켜본 전세계 시민들은 그러한 이미지를 '중국'의 '현저하게 두드러지는 특징'으로 인식하게 되었다.[278] 이에 세계 시민들은 '중국은 인권 위반국이다.'라고 생각하고, 인권 회복을 위해 중국에 대한 제제 조치를 취할 것을 (자신들의 정부를 향해) 강력하게 요청하기도 했다.[279] 예컨대, 천안문 광장 사태 관련 중국의 인권 문제에 대한 미국을 포함한 서구 국가들의 강한 우려와 반발 때문에 중국의 GATT[280] 가입은 무산되었다. 결국 1995년 1월 1일 WTO가

---

277. 이상혁, *supra* note 87, p. 47 참고.

278. 세상을 바라보는 각 개인의 'Paradigm' 즉, '세계관' 혹은 '인식체계'는 'Personal Experience' 즉, '개인적 경험'에 의해 형성된다. 예컨대, 어릴 때부터 주위에 선하고 좋은 사람만 경험하고 자라난 사람은 인간의 본성이 선하다고 믿는 'Liberalism' 즉, '자유주의'의 인식체계를, 그리고 주위에 악하고 나쁜 사람만 경험한 경우는 인간의 본성이 악하다고 믿는 'Realism' 즉, '현실주의'의 인식체계를 가지게 될 가능성이 크다. 이렇게 한번 형성된 인식체계는 그것을 형성함에 있어 기반이 된 그 경험보다 오직 더 크고 충격적인 경험에 의해서만 변경될 수 있다. 다시 말해, 'Paradigm Shift' 즉, '인식체계의 전환'은 오직 더욱더 크고 충격적인 직접적 개인 경험에 의해서만 가능하다는 것이다. 현대 국제사회에서 발생하는 다양한 문제 특히, 인권, 환경, 빈곤 등 비정치적인 문제를 바라보는 인식체계의 근본적인 변화 현상을 설명해 줄 수 있는 중요한 개념 중 하나가 바로 CNN 효과이다.

279. 다른 국가들 혹은 지구공동체가 인권 보호의 목적으로 인권의 중대한 위반 사례가 발생한 주권 국가에 개입하는 것을 'Humanitarian Intervention' 즉, '인도주의적 개입'이라고 한다. 이상혁, *supra* note 65, p. 146 참고.

280. 'The General Agreement on Tariffs and Trade'의 약자인 'GATT' 즉, '관세및무역에관한일반협정'은 상품 무역의 자유화를 목적으로 1947년 체결된 국제조약이다.

설립된 후 6년이 지난 2001년 12월 1일이 되어서야 중국의 WTO[281]
가입이 승인될 수 있었다.

---

281. 'The World Trade Organization'의 약자인 'WTO' 즉, '세계무역기구'는 기존 GATT 체제가 확대되어 1995년 새롭게 설립된 국제기구이다. WTO 체제에는 기존 'GATT'에 더해 서비스 무역의 자유화를 목적으로 하는 'GATS' (The General Agreement on Trade in Services) 즉, '서비스무역에관한일반협정'과 무역 관련 지적재산권 보호를 목적으로 하는 'TRIPS Agreement' (The Agreement on Trade-Related Aspects of Intellectual Property Rights) 즉, '무역관련지적재산권협정'이 추가되었다.

3.07.

이기적 편향

논리적 증명을 위해 극복해야 하는 인지적 편향의 대표적 유형 일곱 번째는 '이기적 편향'이다. 한국어 '이기적'의 의미는 "자기 자신의 이익만을 꾀하는 것"이다.[282] 영어 'Self-serving'은 "자신에게 이익이 되도록 일하거나 행동하는 것" 혹은 "다른 사람들의 복지와 이익에 앞서 자기 자신의 복지와 이익에 대해 먼저 관심을 가지는 것"을 의미한다.[283] 다음 페이지 그림과 같이, 성공하게 되면 자신의 능력과 노력 때문이라고 생각하고, 실패하게 되면 다른 사람과 환경을 탓하는 경우가 있다. 이렇듯 자존감 혹은 자부심을 유지하거

---

282. 국립국어원 표준국어대사전.

283. The term 'Self-serving' refers to "working or acting for your own advantage" (Cambridge Dictionary) or "having concern for one's own welfare and interests before those of others" (Google Dictionary).

나 높이기 위해서 지나치게 자기 자신에게 유리한 방향으로만 생각하기 때문에 합리적 의사결정에 종종 실패하는 실제 인간의 모습을 설명하는 심리학적 용어가 이기적 편향이다.[284]

예컨대, "그렇게 멋진 글로벌 회사에 어떻게 취업할 수 있었습니까? 조언 좀 해 주실 수 있나요?"라는 A의 질문에 대해 B는 "사실, 제가 엄청나게 좋은 학업성적과 아주 많은 경력을 가지고 있습니다. 가장 중요하게는, 제가 입사 면접을 정말 뛰어나게 잘 했습니다."라고 대답했다. 이에 대해 C가 "무엇이라고요? 당신의 아버지가 그 회사의 주인이고, 당신이 외아들이잖아요!"라고 덧붙였다. 즉, B는 '좋은 회사에 취업'이라는 성공이 오로지 자신의 뛰어난 능력과 노력 때문인 것처럼 말했다. 그러나 C의 발언을 근거로 추정해 보면, B는

---

284. '이기적 편향'에 해당하는 영어 표현은 다음과 같다: Self-serving Bias, Self-esteem Bias, Locus of Control, Attributional Bias 등.

Person-A:	How did you get hired by such an awesome global company? Would you give me some advice?
Person-B:	In fact, I had great academic achievements and extensive work experiences. Most importantly, I was really excellent at job interview.
Person-C:	What? Your father is the owner of the company and you are the only son to your father!

Person-A:	How was your mid-term test today?
Person-B:	It was so terrible. Yet, it is not my fault! Yesterday, I could not study harder because my younger brother had his birthday party at home. In the morning, my mother woke up too late and did not prepare anything for breakfast. Therefore, I could not focus on the test because I was so hungry!

이기적 편향에 빠져 있을 가능성이 매우 크다. 즉, '회사의 주인이 아버지'라는 외부적 요소가 B의 성공에 큰 영향력을 미쳤을 것이라는 사실을 부정하기는 어렵다.

다음으로, "오늘 중간고사는 잘 봤습니까?'라는 A의 질문에 대해 B는 "너무 엉망이었습니다. 그러나 제 잘못은 아닙니다! 어제 저는 공부를 더 열심히 할 수 없었습니다. 왜냐하면 제 남동생이 집에서 생일 파티를 했기 때문입니다. 아침에는 어머니가 아주 늦게 일어나셔서 아침 식사를 전혀 준비하지 않으셨습니다. 그래서 저는 시험에 집중할 수가 없었습니다. 왜냐하면 너무 배가 고팠기 때문입니다!"라고 대답했다. 이러한 B의 발언 또한 전형적인 이기적 편향

> " The ultimate goal must definitely be the removal of
> the Jews altogether. "
>
> " Hence today I believe that I am acting in accordance with the will
> of the Almighty Creator: by defending myself against the Jew,
> I am fighting for the work of the Lord. "
>
> Adolf Hitler

에 불과하다. '중간고사 시험 실패'의 가장 중요한 원인은 B 자신이 열심히 공부하지 않은 것이다. 이러한 자신의 잘못은 전혀 인정하지 않은 채 오로지 남동생과 어머니의 탓만 하는 것은 자신에게 유리한 방향으로 현실을 왜곡하는 것이다.

이기적 편향을 보여 주는 역사적 사례 중 하나는 1차 세계대전[285]이 끝난 후 아돌프 히틀러가 유대인들에게 보였던 태도에서 확인할 수 있다. 패전의 결과 작은 규모로 축소된 독일[286]은 장기간 전쟁 수행으로 인한 초인플레이션[287]과 베르사유조약에 따른 엄청난 배

---

285. 1차 세계대전은 영국, 프랑스, 러시아를 중심으로 결성된 협상국(Triple Entente)과 독일, 오스트리아-헝가리, 이탈리아를 중심으로 결성된 동맹국(Triple Alliance) 간에 1914년 7월 28일부터 1918년 11월 11일까지 벌어졌다. 1차 세계대전은 약 6천만명의 유럽인을 포함해 총 7천만명 이상의 군인이 참전한 역사상 가장 큰 규모의 전쟁 중 하나이다. 약 9백만명의 군인과 약 1천3백만명의 민간인이 사망했다. See "World War I", Wikipedia.

286. 1차 세계대전에서 패배한 독일제국은 해체되었고, '바이마르공화국'(Weimar Republic, German Reich, German Republic)이 탄생했다. 독일제국의 일부였던 폴란드는 독립했고, 알자스-로렌 지역은 프랑스에 병합되었다. 모든 해외 식민지는 승전국들의 차지가 되었다. 예컨대, 르완다·부룬디는 벨기에가, 탄자니아는 영국이, 카메룬·토고는 영국과 프랑스가, 중국의 산동반도는 일본이, 태평양 식민지는 미국과 일본이 각각 차지했다. See, Id.

287. 'Hyperinflation' 즉, '초인플레이션'이란 극단적인 물가상승 현상을 의미한다. 독일에서는 1921년부터 1923년까지 매월 1000% 이상의 물가 상승을 기록했고, 단 2년 동안 물가가 300억배 상승했다. See "Hyperinflation in the Weimar Republic", Wikipedia.

상금[288]으로 인해 사회적 혼란과 불안에 빠져 있었다. 이때 반유대주의[289]를 내세운 히틀러가 등장했다. 1919년 9월 16일 서면 발표를 통해 히틀러는 유대인이 종교적 집단이 아닌 하나의 인종이고, 유대인의 존재는 '인종 결핵' 즉, 인류에게 결핵과 같은 질병이라고 선언했다. 또한 독일 정부의 1차적 목표는 유대인에 대한 차별적인 법률을 제정하는 것이며, "분명히 궁극적인 목표는 모든 유대인들을 제거하는 것이어야 한다."라고 주장했다.[290]

즉, 히틀러는 제국주의, 식민주의, 팽창주의, 경제정책 실패 등 다양한 독일 내부의 문제가 있음에도 불구하고 마치 독일은 아무런 잘못이 없고 오로지 '유대인'이 모든 문제의 원인인 것처럼 생각했다. 이것은 명백한 이기적 편향에 불과하다. 이에 더해, 히틀러는 1925년 출간된 자서전 『나의 투쟁』을 통해 반유대주의에 대한 종교적 신념까지 드러냈다. "그래서 오늘 저는 전능하신 창조주의 의지에 따라 행동한다고 믿습니다. 유대인들에게 대항해서 제 자신을 지킴으로써, 저는 주님의 일을 위해 싸우는 것입니다."[291] 결국 이기적

---

288. 1차 세계대전의 종전조약인 1919년 베르사유조약(Treaty of Versailles)과 1921년 런던지불일정(London Schedule of Payments)에 따라, 독일은 총 1천3백2십억마르크(132 billion gold marks)를 전쟁 배상금으로 지불해야 했다. See "World War I Reparations", Wikipedia.

289. 'Anti-Semitism' 즉, '반유대주의'란 유대인에 대한 강한 반감 혹은 유대인에 대한 잔인하고 불공정한 대우를 의미한다. Cambridge Dictionary.

290. See "Adolf Hitler Issues Comment on the "Jewish Question"", *Timeline of Events, United States Holocaust Memorial Museum*, https://www.ushmm.org/learn/timeline-of-events/before-1933/adolf-hitler-issues-comment-on-the-jewish-question, accessed October 2021.

291. See Adolf Hitler, *Mein Kampt*, (1925) p. 60, https://www.jewishvirtuallibrary.org/excerpts-from-mein-kampf, accessed October 2021.

편향과 종교적 신념에 근거한 히틀러의 인종주의적 광기는 독일인
들의 이성과 합리성을 마비시켰고, 6백만명의 유대인 학살과 2차 세
계대전이라는 비극으로 이어졌다.

3.08.

가용성 편향

논리적 증명을 위해 극복해야 하는 인지적 편향의 대표적 유형 여덟 번째는 '가용성 편향'이다. 한국어 '가용성'의 의미는 "사용할 수 있는 성질"이다.[292] 영어 'Availability'는 "무엇이 구매되거나, 사용되거나, 닿을 수 있다는 사실" 혹은 "사용되거나 얻을 수 있는 성질"을 의미한다.[293] 과거 유럽인들은 '검은 백조는 없다.'라고 생각했다. 왜냐하면 주위에서 볼 수 있는 백조는 모두 흰색이었기 때문이다. 그러나 1790년 영국의 조류학자 존 래덤[294]은 호주에서 '검은 백

---

292. 국립국어원 표준국어대사전.

293. The term 'Availability' refers to "the fact that something can be bought, used, or reached, or how much it can be" (Cambridge Dictionary) or "the state of being able to be used or obtained" (Google Dictionary).

294. '호주 조류학의 할아버지'로 불리는 영국의 조류학자 John Latham은 호주에 서식하는 조류의 표본을 연구하고 영국에 전파한 것으로 유명하다. See "John Latham", Wikipedia.

Availability Bias

Black Swan?

조'[295]를 발견했다. 즉, 손쉽게 얻을 수 있는 정보 혹은 금방 머리에 떠오르는 사례가 중요하거나 대표성이 있다고 생각하기 때문에 합리적 의사결정에 종종 실패하는 실제 인간의 모습을 설명하는 심리학적 용어가 가용성 편향이다.[296]

예컨대, "오래 살고 싶으면 금연하는 것이 좋습니다!"라는 A의 발언에 대해 B는 "말도 안 됩니다! 당신의 말에 동의하지 않습니다!"라고 반발했다. 그리고 B는 다음과 같이 근거를 덧붙였다. "저희 할아버지께서는 현재 99세이십니다. 할아버지께서는 지난 79년 동안 매일 담배 1갑을 피우고 계십니다. 할아버지께서는 그렇게나 담배를 많이 피우는 사람입니다! 그러나 할아버지께서는 여전히 매우 건

---

295. 이러한 역사적 맥락에서 'Black Swan' 즉, '검은 백조'라는 용어는 "예측하거나 예견할 수 없는 일로서, 주로 엄청난 결과를 몰고오는 사건"(an unpredictable or unforeseen event, typically one with extreme consequences)이라는 비유적 의미를 갖게 되었다. Google Dictionary. 한편, Nassim Nicholas Taleb은 이것을 이론화해서 'Black Swan Theory' 혹은 'Theory of Black Swan Events'라고 표현했다. See Nassim Nicholas Taleb, *The Black Swan: The Impact of the Highly Improbable* (Random House, 2007).

296. '가용성 편향'에 해당하는 영어 표현은 다음과 같다: Availability Bias, Availability Error, Black Swan, Black Swan Theory, Theory of Black Swan Events 등.

Person-A:	You'd better stop smoking if you want to live long!
Person-B:	Non-sense! I don't agree with you! My grandfather is 99 years old now. For the past 79 years, he has been smoking a pack of cigarettes per day. He is such a heavy smoker! However, he is still as healthy as a horse!

Person-A:	How much is this pen?
Person-B:	In fact, it is $5 at Sam's Stationery Store over there. However, last week on Amazon, there was a huge sales promotion on a variety of pens. So, I bought this at $3. I am a really rational consumer!
Person-C:	Certainly, you are not! Look at this flyer from Walmart! They sell the same pen at $2.

강하십니다!" 사실 담배가 폐암, 뇌졸중, 후두암, 구강질환, 방광암 등 치명적인 질병을 유발해서 수명을 단축시킬 수 있다는 것은 의학적 상식이다. 따라서 손쉽게 접한 할아버지의 예외적 사례를 마치 대표성이 있는 것처럼 생각하고 담배를 계속 피우려는 B의 발언은 가용성 편향에 빠진 것에 불과하다.

다음으로, "이 펜 얼마입니까?"라는 A의 질문에 대해 B는 "사실 저기 건너편 샘의 문구점에서는 펜의 가격이 5달러입니다. 그러나 지난주 온라인 쇼핑몰 아마존에서 다양한 종류의 펜에 대한 엄청난 할인판매가 있었습니다. 그래서 이 펜을 3달러에 구입했습니다. 저는 정말 합리적인 소비자입니다!"라고 대답했다. 그러나 B의 발언

> " People live under the earth in a cave-like dwelling. ... The people
> have been in this dwelling since childhood, shackled by the legs and
> neck. Thus, ... there is only one thing for them to look: whatever they
> encounter in front of their faces. ... if someone were to inform him
> that what he saw before were trifles ... if someone were to pull him
> away from there ... dragged him out on to the light of the sun ...
> finally he would be in the condition to look at the sun itself, not just
> at its reflection. "
>
> Socrates

에 대해 C는 "분명하게 당신은 합리적 소비자가 아닙니다! 여기 월
마트 광고전단 좀 보세요! 월마트에서는 똑같은 펜을 $2에 판매하고
있습니다."라고 반박했다. 결국, 월마트의 판매가격(2달러)은 모른
채, 오로지 자신이 접할 수 있었던 아마존의 판매가격(3달러)과 샘의
문구점의 판매가격(5달러)만을 비교해서 3달러에 펜을 구입한 B는
가용성 편향에 빠진 것이다.[297]

　　가용성 편향을 보여 주는 역사적 사례 중 하나는 고대 그리스
의 철학자 소크라테스가 제시했던 '동굴 우화'에서 확인할 수 있다.
제자 플라톤이 저술한 『국가론』 제7장에 다음과 같은 스승 소크라테
스의 발언이 나온다. "사람들이 땅 아래 동굴 같은 곳에 살고 있습니
다. …… 그 사람들은 어릴 때부터 다리와 목에 쇠고랑이 묶인 채 이

---

297. 한편, 1978년 노벨경제학상 수상자인 Herbert A. Simon은 'Bounded Rationality' 즉, '제한된 합리성'이라는
용어로 이러한 현상을 설명했다. 실제 현실 속 인간은 인지, 심리, 환경 등의 영향으로 인해 제한된 범위 내에서만
합리적 의사결정을 한다. 예컨대, B의 경우 월마트의 판매가격은 전혀 모른 채 오로지 아마존과 샘의 문구점에서
판매되는 가격만 알고 있다는 제한된 범위 내에서 합리적 의사결정을 내렸다. 즉, '제한된 합리성' 때문에 실제 현실 속
인간은 '최적의 의사결정'(Optimal Decision-making)이 아니라 그저 '만족스러운 의사결정'(Satisfactory Decision-
making)을 내리는 것에 불과하다.

곳에서 살았습니다. 그래서 …… 오직 그들이 볼 수 있는 것은 바로 얼굴 앞에 보이는 것뿐입니다. …… 만약 누군가가 그에게 지금 눈 앞에 보이는 것은 의미없는 사소한 것이라는 사실을 알려 주었다면 …… 만약 누군가가 그를 그곳으로부터 밀어내서 …… 태양의 빛을 볼 수 있도록 끌어내었다면 …… 마침내 그는 반사된 모습이 아닌 태양 그 자체를 쳐다볼 수 있을텐데."[298]

　　소크라테스는 영원한 진리를 모른 채 현실의 속박에 매여 살아가는 평범한 보통 사람들의 모습을 위와 같이 비유적으로 표현했다. 즉, 쇠고랑에 묶인 채 동굴에 갇혀 살아가는 사람들은 오로지 자신이 접할 수 있는 정보 즉, 동굴 벽면에 반사된 모습과 그림자만을 보고 그것이 세상의 전부라고 생각한다. 이러한 생각이 바로 가용성 편향에 빠진 것이다. 이에 반해, 진리와 지혜를 사랑하는 소수의 똑똑한 철학자[299]들은 온갖 어려움을 겪으면서도 현실의 속박을 풀고 동굴 밖으로 기어 나와 마침내 태양과 세상의 진짜 모습을 마주하게

---

298. See Plato, "The Allegory of The Cave" in *The Republic*, VII, https://web.stanford.edu/class/ihum40/cave.pdf, (translated into English by Thomas Sheehan) accessed October 2021.

299. '철학'을 의미하는 영어 'Philosophy'는 '사랑'을 뜻하는 그리스어 *philein*과 '지혜'를 뜻하는 그리스어 *sophia*의 합성어이다. 즉, 철학의 본래 의미는 '지혜사랑'이다. 한편, 'Philosopher' 즉, '철학자'는 '지혜를 사랑하는 사람'을 의미한다.

된다.[300] 인지적 편향의 관점에서 설명하자면, 이들 소수의 철학자들이 바로 가용성 편향의 문제를 극복하고 논리적 증명을 당당하게 실천할 수 있는 사람들이다.

---

300. 소크라테스와 플라톤이 생각한 '철학자'는 소수의 'Aristocrats' 즉, '귀족'이었고, 이들이 꿈꾸었던 '철학자의 지배' 즉, '철인정치'는 귀족이 지배하는 'Aristocracy' 즉, '귀족정'이었다. 왕이 없는 정치체제이기에 이것을 'Republic' 즉, '공화국'이라 할 수 있다. 재미있는 것은 플라톤의 책 *The Republic*이 『국가론』과 『공화국』이라는 서로 다른 한국어로 번역되었다는 사실이다. 즉, '소크라테스와 플라톤이 꿈꾼 이상적 국가의 정치체제가 무엇인지를 설명한 책'이라는 측면에서는 『국가론』이라고 의역하고, '왕이 없는 정치체제'라는 단어의 뜻을 직적접으로 살려 『공화국』이라고 직역하기도 한다. 한편, 영국의 철학자 Karl Popper는 자유주의와 개인주의의 관점에서 '열린 사회'를 무너트리려는 전체주의 사상의 기원이 바로 플라톤이라고 강하게 비판했다. See Karl Popper, *The Open Society and Its Enemies: Vol. 1 The Age of Plato* (Routledge, 1945).

현상유지 편향

논리적 증명을 위해 극복해야 하는 인지적 편향의 대표적 유형 아홉 번째는 '현상유지 편향'이다. 한국어 '현상유지'의 의미는 "나타나 보이는 현재의 상태를 그대로 보존하거나 변함없이 계속하여 지탱함"이다.[301] '상태'를 뜻하는 영어 'Status'와 '현재'를 뜻하는 라틴어 'Quo'의 합성어인 'Status Quo'는 "현재의 상태" 혹은 "특히 사회적 또는 정치적 이슈와 관련하여 어떤 문제의 기존 상태"를 의미한다.[302] 이전에 이미 내렸던 결정을 고수하거나 혹은 현재의 상태를 동일하게 유지하기 위해 아무것도 하지 않으려 하기 때문에 합리

---

301. 국립국어원 표준국어대사전.

302. The term 'Status Quo' refers to "the present situation" (Cambridge Dictionary) or "the existing state of affairs, particularly with regard to social or political issues" (Wikipedia).

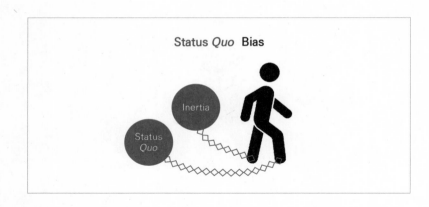

적 의사결정에 종종 실패하는 실제 인간의 모습을 설명하는 심리학
적 용어가 현상유지 편향이다.[303] 즉, 아무것도 하지 않으려는 '무력'
혹은 '관성'[304]이 현상유지 편향이다.

예컨대, "나 배고파 죽겠어! 피자 주문하는 거 어때?"라는 A의
질문에 대해 B가 "좋은 생각이야! 나도 배가 많이 고파. 지금 당장
도미노피자에 전화할게."라고 답했다. A가 "잠깐! 피자헛이 어때?"
라고 다시 질문하자, B는 "말도 안 돼! 나는 어릴 때부터 오직 도미
노피자만 먹었어."라고 대답했다. 어릴 때부터 지금까지 오직 도미
노피자만 먹었기 때문에 지금도 도미노피자를 주문하겠다는 B의 생
각은 전형적인 현상유지 편향에 빠진 것이다. 기업의 마케팅 전략

---

303. '현상유지 편향'에 해당하는 영어 표현은 다음과 같다: Status *Quo* Bias, Inertia, Preference for the Current State of Affairs, Existence Bias, Endowment Effect, Fear of Known Costs of Making Choices, Loyalty, Default Effect 등.

304. The term 'Inertia' refers to "lack of activity or interest, or unwillingness to make an effort to do anything" (Cambridge Dictionary) or "a tendency to do nothing or to remain unchanged" (Google Dictionary) (Underline Added).

Person-A:	I am starving to death! How about ordering a pizza?
Person-B:	That is a good idea! I am hungry too. I will call Domino's Pizza right away.
Person-A:	Wait! How about Pizza Hut?
Person-B:	No way! Since my childhood, I have eaten pizzas only from Domino's.

Person-A:	I think we are lost! According to Google Maps, you had to turn right at the previous intersection and then to get on Highway 5.
Person-B:	Don't worry! I was born and raised in this town. Since I got my driver's license, I have always driven Highway 1 in order to visit Central Market.
Person-A:	Then, it will take 40 minutes more!

중 하나가 특정 상품 혹은 브랜드에 대한 소비자의 충성도 즉, '브랜드 로열티'를 높이는 것이다. 도미노피자의 입장에서 보면 B는 충성도 높은 고객이다. 그러나 도미노피자에 대한 B의 높은 충성도는 결국 비합리적 소비로 이어질 가능성이 크다.

다음으로, "제 생각에는 우리가 길을 잃은 것 같습니다! 구글맵에 따르면, 조금 전 지나친 사거리에서 우회전을 해서 5번 고속도로를 탔어야 합니다."라고 말한 A에 대해 B가 "걱정하지 마세요. 제가 이 동네에서 태어나고 자랐습니다. 운전면허증을 딴 이후 지금까지 중앙시장을 방문하기 위해 언제나 저는 1번 고속도로를 탔습니다."라고 응답했다. 이에 더해, A는 "그러면 40분이나 더 시간이 걸립니

> " First, never underestimate the power of inertia. Second, that power can be harnessed. ... if an option is designated as the "default," it will attract a large market share. Default options thus act as powerful nudges. ... people have a strong tendency to go along with the status quo or default option. "
>
> Richard H. Thaler & Cass R. Sunstein

다!"라고 덧붙였다. 구글맵 등 요즘 사용되는 네비게이션은 거리, 현재 시간, 교통량 등 여러 가지 요소를 모두 고려하여 최적의 경로를 안내한다. 구글맵이 안내한 합리적 의사결정의 결과를 무시하고, 40분이나 더 시간을 써 가며 지금까지 늘 다녔던 길로만 가는 B는 현상유지 편향에 빠진 것이다.

현상유지 편향을 보여 주는 역사적 사례 중 하나는 미국 시카고대학교의 행동경제학자 리처드 H. 세일러와 하버드대학교의 법학자 캐스 R. 선스타인이 공저한 세계적 베스트셀러 『넛지[305]』 관련 논의에서 확인할 수 있다. 두 저자는 '디폴트 옵션' 즉, 적극적인 선택을 하지 않을 경우 자동으로 주어지는 옵션을 '자유방임적 가부장주

---

305. 원래 영어 'Nudge'는 "팔꿈치로 누군가를 살짝 밀기" 혹은 "(팔꿈치로 살짝) 쿡 찌르기"라는 의미를 가진 동사이다. 그런데 두 저자는 'Libertarian Paternalism' 즉, '자유방임적 가부장주의' 혹은 '자유방임적 국가개입주의'라는 어렵고 복잡한 개념을 독자들에게 보다 쉽게 비유적으로 표현하기 위해 'Nudge'라는 단어를 사용했다. 만약 한국에서 이 책을 '옆구리 쿡 찌르기'라고 직역하거나 '자유방임적 가부장주의'라고 의역했다면 독자의 비웃음 혹은 외면을 받았을 가능성이 매우 높았을 것이다. 이러한 측면에서 발음 그대로 '넛지'라고 번역할 수 밖에 없었던 번역가와 출판사의 고민이 일견 엿보인다.

의'[306]에 기반한 정책 즉, '넛지'의 구체적 사례로 제시했다. "첫째, 관성의 힘을 절대 과소평가하지 말라. 둘째, 그 힘은 활용할 수 있다. …… 만약 어떤 옵션이 '디폴트'로 지정되면, 그것은 시장을 크게 차지할 것이다. 그래서 디폴트 옵션은 강력한 넛지로 작용한다. …… 사람들에게는 현상을 유지하거나 디폴트 옵션을 선택하려는 강한 경향이 있다."[307]

예컨대, 비만의 문제를 해결하기 위해 '신선한 채소는 소비자 눈높이의 선반에 그리고 정크푸드는 소비자의 손이 닿기 어려운 높은 곳에만 진열'하는 '선택설계'를 통해 소비자들의 옆구리를 (팔꿈치로 살짝) 쿡 찔러보는 것이다. 그 결과 다수의 현실 속 보통 사람들은 굳이 안내 데스크에 있는 사다리를 빌려와서 그것을 딛고 높은 곳에 진열된 정크푸트를 구매하기보다, 오히려 눈높이의 선반에 진열되어 편안하게 잡을 수 있는 신선한 채소를 선택할 가능성이 높다. 즉, 아무것도 하지 않으려는 '관성' 그리고 편안하게 쇼핑 카트를

---

306. 합리적이고 이성적인 시민과 시장은 모든 것을 알아서 잘할 수 있으니 국가 혹은 정부는 가급적 아무것도 하지 않고 가만히 내버려두는 것이 최선이라는 생각이 'Libertarianism' 즉, '자유방임주의' 혹은 '자유주의'이다. 이에 반해, 마치 아버지가 아직 철모르는 자녀를 위해 모든 결정을 대신하는 것과 마찬가지로, 국가 혹은 정부가 어리석고 비합리적인 시민 혹은 시장을 위해 모든 결정을 대신하고 일일이 간섭해야 한다는 생각이 'Paternalism' 즉, '가부장주의' 혹은 '국가개입주의'이다. 한편, 이 둘의 대안으로 시민 혹은 시장의 '선택의 자유'(Freedom to Choose)를 침해하지 않으면서도, 국가 혹은 정부가 시민 혹은 시장의 선택을 예측 가능한 방향으로 변화시킬 수 있다는 생각이 'Libertarian Paternalism' 즉, '자유방임적 가부장주의'이다. 이상혁, *supra* note 65, pp. 191-196 참고.

307. See Richard H. Thaler and Cass R. Sunstein, *Nudge: Improving Choices about Health, Wealth and Happiness* (Yale University Press, 2008).

끌고 이동 중인 지금의 상태를 유지하려는 '현상유지 편향'[308] 때문에 바람직한 옵션을 디폴트 옵션으로 설정하는 선택설계가 효과를 발휘할 수 있다는 것이다.[309]

---

308. 자유방임적 가부장주의는 국가 혹은 정부의 선한 의도를 전제하고 있다. 즉, 비록 다수의 현실 속 보통 사람들이 '현상유지 편향'에 빠져 합리적 의사결정에 실패한다고 할지라도, 결국 국가 혹은 정부의 선한 의도에 따라서 정크푸드의 소비는 줄어들고 신선한 채소의 소비는 늘어나는 긍정적인 결과가 나온다는 것이다. 한편, 자유주의는 '국가 혹은 정부가 선하다.'라는 전제에 전혀 동의하지 않는다.

309. 한편, 자유방임주의의 입장에서는 합리적인 소비자는 스스로 자신의 건강을 위해 정크푸드의 소비를 줄일 것이니 정부는 가만히 내버려 두기만 하면 된다. 이에 반해, 가부장주의의 입장에서는 소비자가 스스로 그와 같은 소비 패턴을 변경할 수 없기 때문에 국가 혹은 정부가 정크푸드의 판매를 금지하는 등 보다 적극적으로 개입해야 한다.

3.10.

손실회피 편향

논리적 증명을 위해 극복해야 하는 인지적 편향의 대표적 유형 열 번째는 '손실회피 편향'이다. 한국어 '손실회피'의 의미는 "잃어버리거나 축나는 손해"를 "숨기고 만나지 아니함"이다.[310] 영어 'Loss Aversion'은 "당신이 무엇인가를 더 이상 소유하고 있지 않거나 덜 소유하고 있다는 사실"[311]에 대한 "강한 혐오의 감정 혹은 무엇을 하지 않으려는 것"을 의미한다.[312] 이익을 추구하고 손실을 회피하려는 것은 인간을 포함한 모든 생명체의 공통된 본성이다. 그런데 다음

---

310. 국립국어원 표준국어대사전.

311. The term 'Loss' refers to "the fact that you longer have something or have less of something". Cambridge Dictionary.

312. The term 'Aversion' refers to "a feeling of strong dislike or of not wishing to do something". Cambridge Dictionary.

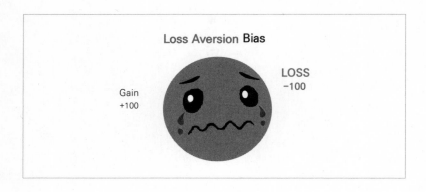

그림과 같이 100의 이익을 얻는 기쁨의 크기보다 동일한 100의 손실을 겪는 슬픔의 크기가 더욱더 크고 뼈저리게 느껴지기 때문에 합리적 의사결정에 종종 실패하는 실제 인간의 모습을 설명하는 심리학적 용어가 손실회피 편향이다.[313]

예컨대, "동전 던지기 내기 한번 해 보시겠습니까? 만약 동전의 앞면이 나오면, 제가 당신에게 12달러를 드리겠습니다. 반대로, 만약 뒷면이 나오면, 당신이 제게 10달러를 주셔야 합니다."라고 A가 제안했다. 이에 대해 B는 "무엇이라고요? 동전 뒷면이 나오면 제가 당신에게 10달러를 드려야 한다구요? 말도 안 됩니다. 저는 제 돈을 잃기 싫습니다."라고 대답했다. 이러한 B의 대답은 전형적인 손실회피 편향의 모습을 보여 준다. 동전의 앞면 혹은 뒷면이 나올 확률은 동일하고, 앞면이 나올 경우의 이익이 뒷면이 나올 경우의

---

313. '손실회피 편향'에 해당하는 영어 표현은 다음과 같다: Loss Aversion Bias, Sunk Cost Fallacy, Preference for Avoiding Losses over Acquiring Gains, Endowment Effect 등.

Person-A:	Would you bet on coin flipping? If the coin comes up heads, I will give you $12. On the other hand, if the coin comes up tails, you have to give me $10.
Person-B:	What? Do I have to give you $10 in the case of tails? No way! I don't want to lose my money.

Person-A:	If you fill out the survey, you can enjoy a 1-month free trial of this luxury massage chair.
Person-B:	Wow! I will do that right now!
	(After fully enjoying the comfort of the chair for 1 month)
Person-A:	Hi! Time flies! I am sorry to say but, it is time for you to return the massage chair.
Person-B:	No way! I cannot live without it. How much is it?

손실보다 2달러 더 많기 때문에, 이 내기는 B에게 유리하다.[314] 그러
나 동전 뒷면이 나올 경우 잃게 될 10달러의 손실이 너무 크게 느껴
져서, 결국 B는 합리적 의사결정에 실패했다.[315]

　다음으로, "이 설문지를 작성해 주시면, 여기 있는 고급 안마의
자를 1개월 동안 무료로 사용하실 수 있습니다."라는 A의 말에 대해
B는 "와우! 저 지금 당장 설문지 작성하겠습니다!"라고 응답했다. 1
개월 동안 고급 안마의자의 안락함을 온전하게 즐긴 후 다음과 같은

---

314. 동전 던지기를 통한 B의 정확한 기대수익(Expected Return)은 1달러이다. 즉, '(50% × $12) + (50% × -$10) = $1'이다.

315. 2002년 노벨경제학상 수상자인 프린스턴대학교 Daniel Kahneman 교수는 실험결과를 근거로 평균적인 사람들은 이익의 크기가 손실에 비해 약 1.5배-2.5배 이상 되어야만 내기에 참여한다고 주장했다. See Daniel Kahneman, *supra* note 55, pp. 283-286.

> " As long as he fought imaginary giants, Don Quixote was just play-acting. However once he actually kills someone, he will cling to his fantasies ... because only they give meaning to his tragic misdeed. Paradoxically, the more sacrifices we make for an imaginary story, the more tenaciously we hold on to it, because we desperately want to give meaning to those sacrifices ... ."
>
> Yuval Noah Harari

대화가 이어진다. "안녕하세요! 시간이 쏜살같이 지나갑니다. 죄송하지만 이제 안마의자를 반납해 주셔야 합니다."라는 A의 요청에 대해 B는 "말도 안 됩니다. 안마의자 없이 살 수는 없습니다! 이거 얼마인가요?"라고 말했다. 즉, 지금까지 누려 왔던 안마의자의 안락함을 상실하게 되는 것이 너무나도 크게 느껴져서 안마의자를 반납하지 않고 오히려 구매해야겠다고 그 가격까지 문의하는 것 또한 손실회피 편향에 빠진 모습이다.[316]

손실회피 편향을 보여 주는 역사적 사례 중 하나는 경제학과 경영학의 매몰 비용 관련 논의에서 확인할 수 있다. 매몰 비용이란 "기업 혹은 어떤 조직이 이미 써 버렸기 때문에 회수할 수 없는 돈"[317]을 의미한다. 합리적 의사결정을 위해 필요한 것은 현재의 비

---

316. 기업의 입장에서 보면, 일정 기간 동안의 무료체험 프로모션은 소비자의 손실회피 편향을 활용한 효과적인 마케팅 수단 중 하나이다. See Sharon Hurley Hall, "How to Design a Free Trial Marketing Strategy that Coverts", *Optinmonster* (October 18, 2019).

317. The term 'Sunk Cost' refers to "money that a business or organization has already spent and cannot get back". Cambridge Dictionary.

용이 미래에 어떤 수익을 만들어 낼 것인지에 대한 분석이다. 즉, 과거에 이미 지불했던 매몰 비용은 현재의 합리적 의사결정과는 무관한 변수이다.[318] 그러나 현실 속 보통 사람들은 과거의 비용 혹은 손실이 여전히 크고 중요하게 느껴져서[319] 합리적 의사결정에 실패하는 경우가 많다. 예컨대, 어제 30만원에 구매했던 구두가 잘 맞지 않아 발이 쓰리고 까져 치료비를 부담해야 함에도 불구하고, 구두값 30만원이 아까워서 계속 신고 다니는 것이다.

비슷한 맥락에서 히브리대학교의 유발 노아 하라리 교수는 다음과 같이 말했다. "상상의 거인과 싸우는 동안 돈키호테는 단지 연극을 하는 것입니다. 그러나 일단 실제로 누군가를 죽이게 되면, 돈키호테는 자신이 만든 환상에 집착하게 될 것입니다 …… 왜냐하면 그러한 환상만이 자신의 비극적 악행에 의미를 부여해 줄 수 있기 때문입니다. 역설적이게도, 상상의 이야기를 위해 더 많은 희생을 하면 할수록, 우리는 더욱더 집요하게 상상의 이야기에 매달리게 됩니다. 왜냐하면 우리는 간절하게 그러한 희생에 의미를 부여하고 싶어하기 때문입니다."[320] 즉, 과거에 벌어졌던 '희생, 고통, 비극'이

---

318. '총 비용'(Total Cost)과 '총 수익'(Total Revenue)이 아니라 '한계 비용'(Marginal Cost)과 '한계 수익'(Marginal Revenue)이 중요한 것이다. 즉, 1단위의 비용이 추가될 때 몇 단위의 수익이 창출되는지가 중요하다. 이것을 'Marginal Principle' 즉, '한계의 원칙'이라고 한다. 다른 표현으로, '이미 지불한 비용은 잊어야 한다.' 혹은 '지나간 것은 지나간 채로 내버려 두자.'를 의미하는 'Bygones Principle' 즉, '과거지사의 원칙'이라고 한다. See Bob Ryan, *Finance and Accounting for Business* (South Western Educational Publishing, 2008), pp. 229-230.

319. 이러한 상황을 표현하는 유명한 영어 속담 중에 "Crying over spilt milk" 즉, '엎질러진 우유를 놓고 우는 것'이 있다.

320. See Yuval Noah Harari, *Homo Deus: A Brief History of Tomorrow* (Vintage, 2015).

너무나도 크게 느껴져서 그만큼 더 큰 의미를 그것에 부여하는 것이 평범한 보통 인간의 모습이라는 것이다.[321]

---

321. 누군가에 대한 과거의 원망과 미움에 휩싸여 (현재와 미래의) 자신의 삶을 망치는 것 또한 '매몰 비용'과 '손실회피 편향'의 관점으로 설명할 수 있다. 예컨대, 강제징용 문제, 위안부 문제 등 과거 일제시대에 겪었던 아픔과 상처로 인해 현재 그리고 미래의 한일관계를 어떻게 설정할 것인가에 대한 합리적 의사결정에 실패하는 것 또한 이러한 맥락에서 설명할 수 있다.

사일로 효과 편향

논리적 증명을 위해 극복해야 하는 인지적 편향의 대표적 유형 열한 번째는 '사일로 효과 편향'이다. 영어 'Silo'의 의미는 "농장에 있는 크고 둥근 타워로서, 곡물 또는 소에게 줄 겨울 사료를 저장하는 것" 혹은 "곡물을 저장하는 데 사용되는 농장의 타워 또는 구덩이"이다.[322] 한편, 'Silo Effect'는 마치 곡물과 사료를 저장해 두는 사일로에 갇혀 있는 것처럼, 다른 사일로에 갇혀 있는 부서, 조직, 영역 등과는 담을 쌓고 의사소통이 되지 않는 현상을 의미한다. 결국 다른 부서, 조직, 영역 등과는 담을 쌓고 오로지 자신이 속한 부서, 조직, 영역 내에서만 소통하고 그것만이 옳다고 생각하기 때문에 합리

---

322. The term 'Silo' refers to "a large, round tower on a farm for storing grain or winter food for cattle" (Cambridge Dictionary) or "a tower or pit on a farm used to store grain" (Google Dictionary).

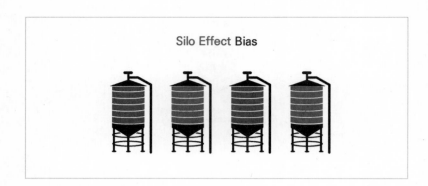

Silo Effect Bias

적 의사결정에 종종 실패하는 실제 인간의 모습을 설명하는 심리학
적 용어가 사일로 효과 편향이다.[323]

　　예컨대, 세계로부터 고립된 작고 가난한 국가에서 다음과 같은
대화가 진행되었다고 가정해 보자. "우리나라는 세계에서 가장 강력
한 국가입니다! 우리나라는 수백 개의 소총과 수십 개의 탱크를 보
유하고 있습니다! 우리나라가 천하무적이어서 저는 매우 자랑스럽
습니다."라고 A가 말했다. 이에 더해, B는 "또한 우리나라는 너무나
도 부유해서 모든 시민들이 하루에 두 끼니를 먹을 수 있습니다! 더
욱이 향후 5년 이내에 모든 가정에 TV가 제공될 예정입니다!"라고
덧붙였다. 마치 북한과 같이 폐쇄주의, 주체사상, 자립경제 등의 구
호를 내세워 높은 담을 세우고 그 속에 갇혀 외부 세계와는 철저히
단절된 채 '우리나라 최고'[324]라는 생각에 사로잡힌 A와 B는 사일로

---

323. '사일로 효과 편향'에 해당하는 영어 표현은 다음과 같다: Silo Effect Bias, Silo Mentality, Groupthink 등.
324. 이러한 측면에서 배타적 민족주의, 인종주의, 국가주의 등이 가지고 있는 비합리적 폭력성과 위험성을 사일로
효과 편향의 관점에서 설명할 수 있다.

Person-A:	Our country is the most powerful one in the world! We have hundreds of rifles and dozens of tanks! I am so proud because we are invincible!
Person-B:	Moreover, our country is so rich that every citizen can eat twice a day! Even more, every household will be provided with a TV set within 5 years!

Person-A:	Why do the sales of our cars take steep dive?
Person-B:	As Director of Technology, I believe that the problem is our engine. So, there must be at least $100 millions R&D investment.
Person-A:	No way! The current performance of the engine is good enough, even though not the best. All the people in my department believe that the real problem is marketing. So, as Director of Marketing, I request the money should be spent on marketing.

효과 편향에 빠진 전형적인 모습을 보여 준다.

다음으로, "우리 자동차의 판매 실적이 급격하게 하락한 이유가 무엇입니까?"라는 A의 질문에 대해 B는 "기술 담당 이사로서 저는 우리 엔진이 문제라고 생각합니다. 그래서 최소한 1억달러의 연구개발 투자를 해야 합니다."라고 답변했다. 이에 대해, C는 "말도 안 됩니다! 우리 엔진의 현재 성능은 비록 최고는 아니지만 충분히 좋은 편입니다. 저희 부서의 모든 사람들은 마케팅이 진짜 문제라고 생각합니다. 따라서 마케팅 담당 이사로서 저는 그 돈을 마케팅에

> " The advantages of having decision made by groups are often lost because of powerful psychological pressures that arise when the members work closely together, share the same set of values and, above all, face a crisis situation that puts everyone under intense stress. "
>
> Irving Janis

사용할 것을 요청합니다."라고 반박했다. 결국 B와 C는 오로지 자기 부서의 입장에서만 '판매 실적 하락'이라는 문제의 원인을 찾고 해결책을 제시하려는 사일로 효과 편향에 빠진 것이다. 실제 경영학에서는 이와 관련한 다양한 논의가 진행되었다.[325]

사일로 효과 편향을 보여 주는 역사적 사례 중 하나는 미국 예일대학교의 어빙 제니스 교수가 제시한 '집단사고'[326]라는 개념과 관련한 논의에서 확인할 수 있다. "구성원들이 함께 밀접하게 일하고, 동일한 가치 체계를 공유하며, 무엇보다 모든 구성원에게 강렬한 스트레스가 된 위기의 상황을 맞이할 때, 집단적 의사결정의 장점[327]은

---

325. See David A. Aaker, "Marketing in a Silo World: The New CMO Challenge", *Harvard Business Review* (November 1, 2008); and Tiziana Casciaro and *et al*., "Cross-Silo Leadership", *Harvard Business Review* (May-June 2019).

326. The term 'Groupthink' refers to "the process in which bad decisions are made by a group because its members do not want to express opinions, suggest new ideas, etc. that others may disagree with". Cambridge Dictionary.

327. 이러한 장점은 결국 집단 차원의 합리적 의사결정이다. '집단사고'의 반대 개념이 'Collective Wisdom' 혹은 'Collective Intelligence' 즉, '집단지혜' 혹은 '집단지성'이다. 비록 개별 개인은 비합리적이고 비이성적이라고 할지라도 전체로서 집단 차원에서는 합리적 의사결정에 성공하는 현상을 설명하는 용어이다. See James Surowiecki, *The Wisdom of Crowds* (Anchor, 2005); and Geoff Mulgan, *Big Mind: How Collective Intelligence Can Change Our World* (Princeton University Press, 2017).

없어진다."라고 어빙 제니스는 주장했다.[328] 즉, 심지어 합리적이고 이성적인 개인들로 구성된 집단에서조차도 비합리적이고 비이성적인 의사결정을 내리는 집단사고라는 현상이 종종 나타난다는 것이다. 특히, '밀접한 관계', '동일한 가치 체계', '함께 겪은 위기' 등의 벽돌로 높은 사일로를 쌓아 올린 집단의 경우 합리적 의사결정에 실패할 가능성이 더욱 크다는 설명이다.

이러한 현상을 '동조'[329]라는 개념으로 설명할 수도 있다. 영어 'Conformity'의 의미는 "집단 또는 사회로부터 기대되는 일반적인 기준을 따르는 행동" 혹은 "태도, 신념, 행동을 집단의 규범, 정치 또는 같은 마음의 사람들에게 맞추는 것"이다. 즉, 현실 속 평범한 보통 사람들은 자기가 속한 집단에서 다수의 의견에 동조하려는 심리적 경향이 있어 합리적 의사결정에 실패한다는 것이다. 예컨대, 모두가 'Yes'라고 하는데 나만 'No'라고 말하거나, 혹은 모두가 '짜장면'인데 나만 '짬뽕'을 주문하는 것이 불편하다는 심리 때문에 집단 차원에서 비합리적 혹은 비이성적 의사결정이 이루어진다는 것이다. 외부 세계에 대한 그 집단만의 사일로가 견고하고 높을수록 이

---

328. See Irving Janis, "Groupthink", *Psychology Today Magazine* (1971), apps.olin.wustl.edu/faculty/macdonald/GroupThink.pdf, accessed October 2021.

329. The term 'Conformity' refers to "behaviour that follows the usual standards that are expected by a group or society" (Cambridge Dictionary) or "the act of matching attitudes, beliefs, and behaviors to group norms, politics or being like-minded" (Wikipedia).

러한 동조 현상은 더욱 크게 나타난다.[330]

---

330. 사일로 효과 편향 혹은 집단사고에 빠지지 않고 집단지성을 실천할 수 있으려면 일차적으로 집단 내의 '개방성'과 '다양성'을 높여서 사일로의 높이와 두께를 줄여야 한다. 궁극적으로는 사일로를 허물어 버리고 부서, 조직, 영역 등의 경계를 넘나드는 접근을 해야 한다. 이러한 접근을 흔히 '통섭'(Consilience), '학제간 연구'(Inter-Disciplinary Approach) 등의 용어로 표현하다. 이상혁, *supra* note 11, pp. 169-170 참고.

3.12.

근시 편향

논리적 증명을 위해 극복해야 하는 인지적 편향의 대표적 유형 열두 번째는 '근시 편향'이다. 한국어 '근시'의 의미는 "가까운 데 있는 것은 잘 보아도 먼 데 있는 것은 선명하게 보지 못하는 시력"이다.[331] 영어 'Myopia'는 "멀리 있는 것을 선명하게 볼 수 없는 상태" 혹은 "상상력, 예지력, 또는 지적 통찰력의 결여"를 의미한다.[332] 장기적인 안목으로 여러 가지 요소를 모두 고려하는 것이 아니라 오로지 단기적 안목으로 지금 당장 눈에 보이는 요소만을 생각하기 때문에 합리적 의사결정에 종종 실패하는 실제 인간의 모습을 설명하는

---

331. 국립국어원 표준국어대사전.

332. The term 'Myopia' refers to "a condition in which someone cannot clearly see things that are far away" (Cambridge Dictionary) or "lack of imagination, foresight, or intellectual insight" (Google Dictionary).

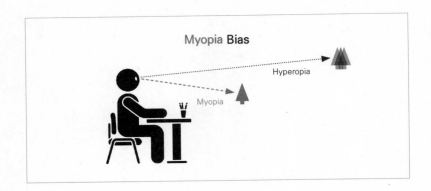

심리학적 용어가 근시 편향이다.[333] 물론 지금 당장의 단기적 요소를
모두 무시하고 오로지 장기적 안목에서 보이는 요소들만 고려하는
것 또한 문제이다.[334]

　예컨대, "내일 아침 9시에 너 토플 시험을 칠 예정이야. 벌써
오후 7시야. 지금 당장 비디오 게임하는 것을 멈추는 것이 좋겠어!
마지막 준비로 모의고사 한번 보는 것이 어떠니?"라는 A의 질문에 B
는 "신경쓰지 마! 남의 일에 참견하지 마! 사실 나 지금 이 게임하느
라고 너무 행복해."라고 답변했다. 내일 중요한 시험이 있다면 조금
귀찮고 힘들더라도 지금 당장 공부를 해야 한다는 A의 의견은 지극
히 합리적이고 이성적이다. 이에 반해, 비디오 게임을 하는 지금 당
장의 단기적 즐거움을 멈출 수 없어서 내일 치러야 하는 중요한 토

---

333. '근시 편향'에 해당하는 영어 표현은 다음과 같다: Myopia Bias, Nearsightedness Bias, Shortsightedness
Bias 등.

334. 근시의 반대 개념은 '원시' 즉, 'Hyperopia'이다. 다만, '원시 편향' 즉, 'Hyperopia Bias'라는 표현은 잘
사용하지 않는다.

Person-A:	Tomorrow at 9 AM, you are scheduled to take TOEFL. It is already 7 PM. You'd better stop playing the video game right now! How about taking a mock test as a final preparation?
Person-B:	Never mind! This is non of your business! In fact, I am now so happy doing this.

Man:	From today, I will give you 3 acorns in the morning and 4 acorns in the evening.
Monkeys:	What? No way! You are so cruel!
Man:	Ok, then. How about this? I will give you 4 acorns in the morning and 3 acorns in the evening.
Monkeys:	That's great! Thank you very much! You are so kind!

플 시험에 대한 준비를 제대로 못하는 B는 비합리적이고 비이성적이다. 즉, B는 오로지 단기적 안목에 사로잡혀 합리적 의사결정에 실패하는 근시 편향에 빠진 것이다.

다음으로, "오늘부터 아침에 도토리 3개 그리고 저녁에 도토리 4개를 너희들에게 줄 예정이야."라는 사람의 말에 "뭐라구요? 안 됩니다! 당신은 정말 잔인합니다!"라고 원숭이들이 반발했다. 이에 사람이 "좋아 그러면. 이렇게 하면 어떨까? 아침에 도토리 4개 그리고 저녁에 도토리 3개를 너희들에게 주도록 하겠어."라고 말하자, 이번에는 원숭이들이 "좋아요! 너무 감사합니다! 당신은 참 친절합니다!"

> " Venezuela is the most oil-rich nation in the entire world. I think 95 or 96% of Venezuela GDP is based upon oil. ... Chavez comes into power and he's like, "You know what? I'm going to expand the welfare state. I am going to use all this oil wealth to buy off votes ... " ... Oil prices went down, but ... Venezuela was so busy expanding the welfare state, they never invested in oil infrastructure. "
>
> Ana Rosa Quintana

라고 대답했다. 이것은 중국 춘추전국시대 송宋 나라 사람 저공狙公[335]과 그의 원숭이 이야기인데, 여기에서 '조삼모사朝三暮四'[336]라는 사자성어가 만들어졌다. 동일한 7개의 도토리이지만 단기적 관점에서 4개를 아침에 준다는 제안에 감동받은 원숭이가 고마움을 표시한 것은 전형적인 근시 편향에 빠진 비합리적인 모습이다.[337]

근시 편향을 보여 주는 역사적 사례 중 하나는 미래에 대한 장기적 안목의 투자 없이 단기적 안목으로 지나친 복지정책을 남발했던 남미의 베네수엘라 관련 논의에서 확인할 수 있다. 자본주의를

---

335. 한자어 '狙'의 뜻은 '원숭이'이고 '저'라고 읽는다. 즉, '저공'이라는 이름 자체가 '원숭이를 키우는 사람'이라는 뜻이다.

336. 직역하면 '아침에 3개, 저녁에 4개'라는 뜻이다. 다만, 조삼모사는 흔히 '잔꾀로 남을 속이는 것'이라는 비유적 의미로 사용된다.

337. 인지적 편향의 관점에서 '조삼모사'의 의미를 다음과 같이 재해석할 수도 있다. 원숭이 즉, 동물과 같은 수준의 이성과 합리성밖에 갖추지 못한 사람은 근시 편향을 극복하지 못하고 결국 합리적 의사결정에 실패한다. 이에 반해, 근시 편향을 극복하고 이성과 합리성을 온전하게 갖춘 사람은 당당하게 합리적 의사결정에 성공하고 때로는 근시 편향을 극복하지 못한 사람들에게 이익을 얻기도 한다.

폐기하고 사회주의[338]에 근거한 베네수엘라를 만들겠다고 선언한 우고 차베스는 빈민층의 압도적 지지를 받아 1998년 선거에서 대통령으로 당선되었다. 이후 차베스는 석유를 팔아 벌어들인 막대한 돈으로 자신을 지지하는 빈민층에게 대규모 복지정책을 제공했다. 이 때문에 2000년, 2006년, 2012년 대통령 선거에도 모두 당선되어 4선에 성공할 수 있었다.[339] 그러나 차베스의 사망 이후 경제는 급격하게 추락했고, 결국 많은 국민들이 먹을 것을 구하기 위해 쓰레기를 뒤지거나 나라를 떠나야 하는 상황이 벌어졌다.[340]

이러한 베네수엘라의 추락에 대해 미국 헤리티지재단의 선임 정책분석관 애나 로자 퀸타나는 다음과 같이 평가했다. "베네수엘라는 전세계에서 가장 석유가 풍부한 국가입니다. 제 생각에 베네수엘라 국내총생산GDP의 95-96%가 석유에 기반해 있습니다. …… 차베스는 권력을 잡고서 마치 '당신들 알아? 나는 복지국가를 확대할 거야. 나는 석유로 번 돈을 모두 표를 사는데 쓸거야 ……' …… 석유가격은 떨어졌습니다. 그러나 …… 베네수엘라는 복지국가를 확대하는데 너무나 바빴습니다. 그들은 석유 기반시설에는 전혀 투자하

338. Hugo Chavez는 TV 프로그램 연설을 통해 "새롭고, 더 좋으며, 가능한 세상으로 가는 길은 자본주의가 아니라 사회주의로 가는 길이라고 저는 확신합니다."라고 선언했다. See Jorge Martin, "President Chavez Reaffirms Opposition to Capitalism", *In Defense of Marxism* (April 20, 2005).

339. 암 투병 중이던 Hugo Chavez는 2013년 1월 10일 예정이었던 대통령 취임식을 연기했고, 결국 그해 3월 5일 사망했다. See "Hugo Chaves", Wikipedia.

340. 경제 위기로 인해 자발적 난민이 된 베네수엘라 국민의 수가 약 500만명에 달하는 것으로 추정된다. See "Venezuelan Refugee and Migrant Crisis", *UN Migration*, https://www.iom.int/venezuela-refugee-and-migrant-crisis, accessed October 2021.

지 않았습니다."[341] 결국 단기적 안목으로 복지 확대와 정권 유지에만 신경쓸 뿐 미래를 위한 장기적 투자에 소홀했던 차베스의 잘못된 정책이 모든 실패의 근본 원인이라는 비판이다.[342]

341. An Interview with Ana Rosa Quintana, "The Troubling Situation in Venezuela: Why are Venezuelans Tumbling into Extreme Poverty and Leaving the Country for Better Opportunity?", *The Heritage Foundation*, https://www.heritage.org/americas/heritage-explains/the-troubling-situation-venezuela, accessed October 2021.

342. 한 국가의 성공과 실패를 결정하는 가장 중요한 요소는 결국 해당 국가가 선택하는 정책과 제도이다. See Daron Acemoglu and James A. Robinson, *Why Nations Fail: The Origins of Power, Prosperity, and Poverty* (Currency, 2013), pp. 398-403.

3.13.

후광 효과 편향

논리적 증명을 위해 극복해야 하는 인지적 편향의 대표적 유형 열세 번째는 '후광 효과 편향'이다. 한국어 '후광'의 의미는 "기독교 예술에서, 성화聖畵 가운데 인물을 감싸는 금빛" 혹은 "어떤 사물을 더욱 빛나게 하거나 두드러지게 하는 배경을 비유적으로 이르는 말"이다.[343] 영어 'Halo'는 "종교적 그림에서 성인의 머리를 둘러싸고 있는 불빛 고리" 혹은 "거룩함을 표현하기 위해 성인의 머리 위 또는 둘레에 보이는 원반 또는 원형 모양의 불빛"을 의미한다.[344] 즉, 어떤 사람이나 대상에 대한 일반적인 견해가 그 사람 혹은 대상의 구체적

---

343. 국립국어원 표준국어대사전.

344. The term 'Halo' refers to "a ring of light around the head of a holy person in a religious drawing or painting" (Cambridge Dictionary) or "a disk or circle of light shown surrounding or above the head of a saint or holy person so represent their holiness" (Google Dictionary).

Halo Effect Bias

인 특징을 평가하는데 긍정적인[345] 영향을 미치기 때문에 합리적 의사결정에 종종 실패하는 실제 인간의 모습을 설명하는 심리학적 용어가 후광 효과 편향이다.[346]

예컨대, "저 웨이트리스 좀 보세요! 그녀는 아름답고 매력적입니다. 더욱이 그녀는 우리에게 정말 친절합니다."라고 A가 말했다. 이에 더해, B는 "예, 그녀는 우리에게 정말 친절합니다. 그녀는 정말 좋은 사람인 것처럼 보입니다. 보통 저는 서비스업 종사자 분들께 단지 15% 팁만을 드립니다. 그러나 오늘 저는 그녀에게 기꺼이 30% 팁을 드릴 것입니다."라고 덧붙였다. 웨이트리스가 너무나도 친절하고 좋은 사람이라고 판단하는 A와 평소보다 2배의 팁을 기꺼이 지불하겠다고 결정한 B는 후광 효과 편향에 빠져 있을 가능성이

345. '긍정적인 영향'을 미치는 '후광 효과'와는 반대로 '부정적인 영향'을 미치는 것을 'Horn Effect' 즉, '뿔효과'라고 한다. 그리고 이러한 뿔효과 때문에 합리적 의사결정에 종종 실패하는 실제 인간의 모습을 설명하는 심리학적 용어가 'Horn Effect Bias' 즉, '뿔 효과 편향'이다.

346. '후광 효과 편향'에 해당하는 영어 표현은 다음과 같다: Halo Effect Bias, Halo Error, Physical Attractiveness Stereotype, 'What Is Beautiful Is Also Good' Principle 등.

매우 크다. 즉, '아름답고 매력적인' 외모가 후광으로 작용하여 '친절하다.', '좋은 사람이다.', '더 많은 팁을 주겠다.'라는 판단에 영향을 미쳤을 가능성이 매우 크다는 것이다.[347]

다음으로, "3명의 후보자들 중 누가 시장의 직책에 가장 적합한 것 같습니까?"라는 A의 질문에 대해 B가 "저는 존 스미스가 위대한 시장이 될 것이라고 진짜 확신합니다. 그는 하버드대학교를 졸업하고 예일대학교에서 박사학위를 받았습니다."라고 대답했다. 결국,

---

347. 연구결과에 따르면, 매력적인 외모의 음식점 종업원이 매력적이지 않은 외모의 음식점 종업원에 비해 매년 약 $1,200 이상 팁을 더 받는 것으로 조사되었다. See Matt Parrett, "Beauty and the Feast: Examining the Effect of Beauty on Earnings Using Restaurant Tipping Data", *Journal of Economic Psychology*, Volume 49 (August, 2015), pp. 34-46.

> " Celebrities promoting products and services has become a lucrative way to build brand awareness and credibility. When brands establishing a relationship and connection to popular names in entertainment, sports, fashion, and other verticals, there is the potential to boost sales drastically, especially when the consumer believes the product or service is actually used by the celebrity. "
>
> Lily Bradic

하버드대학교와 예일대학교라는 '명문대학'의 이름이 후광 효과를 발휘하여 '훌륭한 시장'이 될 것이라는 B의 판단에 긍정적 영향을 미친 것이다. 이에 더해, C는 "맞습니다, 존은 좋은 사람입니다. 어제 신문에서 버락 오바마 전 대통령과 존이 악수하고 있는 사진을 봤습니다."라고 덧붙였다. 즉, '훌륭하고 유명한 사람과의 사진'이 후광 효과를 발휘하여 존 스미스 또한 '좋은 사람'이라는 C의 판단에 영향을 미친 것이다.

후광 효과 편향을 보여 주는 역사적 사례 중 하나는 마케팅의 효과적인 수단 중 하나인 '유명인 광고'[348] 관련 논의에서 확인할 수 있다. 유명인 광고란 상품, 브랜드, 서비스를 홍보하거나 어떤 이슈에 대한 관심을 높이기 위해서 유명인의 명성 혹은 사회적 지위를

---

348. '유명인 광고'는 'Celebrity Endorsement' 혹은 'Celebrity Branding'을 번역한 표현이다.

활용하는 광고 캠페인[349] 또는 마케팅 전략을 의미한다.[350] 소셜미디어 전문가 릴리 브레딕은 "상품과 서비스를 홍보하는 유명인들은 브랜드의 인지도와 신뢰성을 쌓는데 수익성이 좋은 방법이 되었다. 브랜드가 연예, 스포츠, 패션 그리고 다른 산업에 있어 유명한 이름과 관계를 맺고 연결되면, 급격하게 판매가 늘어날 가능성이 있다. 특히, 그 유명인이 그 상품 혹은 서비스를 실제 사용하고 있다고 소비자가 믿을 경우 더욱 그렇다."[351]라고 말했다.

유명인 광고가 매출의 증가로 이어지는 경우도 많다.[352] 즉, 유명인의 '잘생김', '아름다움', '사회적 지위' 등과 같은 것들이 후광효과를 발휘하여 '이 상품 혹은 서비스는 좋을 거야!'라는 생각을 만들어 낸 것이다. 심지어, 해당 상품과 서비스를 사용하면 자신도 유명인과 같이 될 수 있을 것이라는 상상마저 더해져 매출이 증가하는 것이다. 예컨대, 마이클 조던과 타이거 우즈가 광고하는 신발을 신으면 자신도 멋진 스포츠맨이 될 거라고 상상하고, 전지현과 송혜교

---

349. 유명인 광고의 캠페인 효과는 실제 매우 큰 것으로 분석된다. 즉, 유명인 광고가 브랜드 인지도를 높인다는 것에는 많은 학자들이 동의한다. 다만, 유명인 광고가 브랜드 충성도까지 높일 수 있는가에 대해서는 여전히 부정적인 의견이 적지 않다. See Uttera Chaudhary and Ankita Asthana, "Impact of Celebrity Endorsements on Consumer Brand Loyalty: Does It Really Matter?", *International Journal of Scientific and Research Publications*, Volume 5, Issue 12 (December 2015), pp. 220-225.

350. See "Celebrity Branding", Wikipedia.

351. See Lily Bradic, "Celebrity Endorsements on Social Media Are Driving Sales and Winning Over Fans", *Social Media Week* (September 30, 2015).

352. 유명인 광고가 4% 매출 증가의 효과와 0.25% 주가 상승의 효과가 있다는 연구결과도 있다. See Anita Elberse and Jeroen Verleun, "The Economic Value of Celebrity Endorsements", *Journal of Advertising Research*, Volume 52, No. 2, (June 2012), pp. 149-165.

가 광고하는 화장품을 바르면 자신도 예뻐질 거라고 상상하며, 이정재와 정우성이 마시는 위스키를 마시면 자신도 멋있어질 거라고 상상하는 것이다. 결국 이러한 생각과 상상에 의해 구매를 결정하는 소비자는 후광 효과 편향에 빠진 것이다.

3.14.

충격과 공포 편향

논리적 증명을 위해 극복해야 하는 인지적 편향의 대표적 유형 열네 번째는 '충격과 공포 편향'이다. 한국어 '충격'은 "슬픈 일이나 뜻밖의 사건 따위로 마음에 받은 심한 자극이나 영향"을 그리고 '공포'는 "두렵고 무서움"을 의미한다.[353] 영어 'Shock'는 "갑작스럽고, 예상치 못한, 그리고 보통 불쾌한 사건 혹은 경험(에 대한 심리적 또는 신체적 반응)"[354]을 그리고 'Awe'는 "종종 두려움 혹은 놀라움과 뒤섞인 거대한 존경심"을 의미한다.[355] 결국, 예상하지 못한 갑작스

---

353. 국립국어원 표준국어대사전.

354. The term 'Shock' refers to "(the emotional or physical reaction to) a sudden, unexpected, and usually unpleasant event or experience". Cambridge Dictionary.

355. The term 'Awe' refers to "a feeling of great respect sometimes mixed with fear or surprise". Cambridge Dictionary.

Shock and Awe **Bias**

러운 사건 혹은 경험으로 인한 충격과 공포 때문에 합리적 의사결정에 종종 실패하는 실제 인간의 모습을 설명하는 심리학적 용어가 충격과 공포 편향이다.[356] 즉, 충격과 공포로 인해 합리적 사고가 일시적으로 마비되는 것이다.

예컨대, "COVID-19 관련 훨씬 더 강력한 조치가 취해질 것이라는 보도가 있습니다. 저는 너무나 충격을 받았고 두렵습니다! 더 많은 물건을 사기 위해 당장 슈퍼마켓으로 달려가는 것이 좋을 것 같습니다."라고 A가 말했다. 지금 당장 더 많은 물건을 구매해야 한다는 A의 생각은 결국 COVID-19 즉, 코로나 바이러스 관련 훨씬 더 강력한 조치가 취해질 수도 있다는 충격과 공포로 인한 편향의 결과이다. 이에 더해, B는 "CNN 뉴스 좀 보세요! 월마트의 모든 선반들이 이미 텅텅 비었습니다. 서둘러야 합니다!"라고 덧붙였다. B

---

356. '충격과 공포 편향'에 해당하는 영어 표현은 다음과 같다: Shock and Awe Bias, Rapid Dominance, Panic Buying 등.

Wife:	After 3 months, the rental contract will expire. What are you going to do after the expiration?
Man:	I wish we had bought this house 2 years ago. For the past 2 years, the price of this house has increased by 80%. On average, the housing price in Seoul has increased by 68% for the past 1 year. I am so shocked and feared!
Wife:	We'd better buy any house available around here.
Man:	Yes! We have to buy any house right away!

또한 "텅 빈 월마트의 선반"을 보고 충격과 공포 편향에 빠져 지금 당장 서둘러야 한다는 생각을 했다. 이렇듯 '공포 구매' [357]가 충격과 공포 편향의 대표적인 사례이다.

다음으로, "3개월 후면 임대계약이 끝나. 임대계약이 끝난 후 어떻게 할 생각이야?"라는 아내의 질문에 남편은 "2년 전에 이 집을 구매했어야 했는데. 지난 2년 동안 이 집의 가격이 80%나 올랐

---

357. '공포 구매'는 'Panic Buying' 혹은 'Panic Purchase'를 번역한 표현이다. 영어 'Panic Buying'의 의미는 "곧 있을 물건 부족 혹은 가격 상승에 대한 갑작스러운 두려움 때문에 특정 상품을 대량으로 구매하는 행위"(the action of buying large quantities of a particular product or commodity due to sudden fears of a forthcoming shortage or price increase)이다. Google Dictionary.

> " Rapid dominance is to affect the will, perception, and understanding
> of the adversary to fight or respond to our strategic policy ends through
> imposing a regime of Shock and Awe. ... Rapid dominance will impose
> this overwhelming level of Shock and Awe against an adversary ...
> to paralyze its will to carry on ... the enemy would be incapable of
> resistance ... . "
>
> Harlan K. Ullman & James P. Wade

어. 서울의 평균 주택 가격이 지난 1년 동안 68% 상승했어. 너무 충격적이고 두려워!"라고 대답했다. 이에 더해, 아내는 "이 근처에 매물로 나와 있는 어떤 집이라도 사는 것이 좋겠어."라고 말했고, 남편은 "그래! 지금 당장 어떤 집이라도 사야 해!"라고 덧붙였다. 결국 부부는 지난 2년 동안 주택 가격이 급격하게 상승했다는 충격과 '앞으로 주택 가격이 더 상승하면 어떡하지? 내 집을 영영 소유하지 못하면 어떡하지?'라는 공포 때문에 '어떤 집이라도 당장 구매하겠다!'라는 비합리적 의사결정에 도달한 것이다.

충격과 공포 편향을 보여 주는 역사적 사례 중 하나는 냉전이 끝난 후 미국의 새로운 군사 전술로 제시된 '신속한 우위 이론' 관련 논의에서 확인할 수 있다. 미국 국방성의 재정적 지원을 받는 워싱턴 D.C. 소재 미국국방대학교[358]는 1996년 할란 K. 울만과 제임스 P. 웨이드가 제시했던 '충격과 공포'라는 개념을 미군에 적용가능한

---

358. '미국국방대학교'는 'The National Defense University of the United States' 혹은 'The National Defense University'를 번역한 표현이다.

'신속한 우위'라는 군사 전술로 발전시켰다.[359] '신속한 우위'란 압도적 우위의 힘과 극적인 힘의 과시를 통해 전장에 대한 적의 인식과 전투를 하려는 적의 의지를 마비시키는 전술을 지칭한다.[360] 예컨대, 울만과 웨이드는 2차 세계대전을 종식시켰던 일본 히로시마와 나가사키에 대한 미국의 원자폭탄 투하를 대표적인 충격과 공포의 사례로 제시했다.

1996년 발표한 책을 통해 울만과 웨이드는 다음과 같이 신속한 우위의 개념을 설명했다. "신속한 우위는 충격과 공포의 체제를 부과함으로써 우리의 전략적 정책 목표에 대응하거나 싸우려는 적들의 의지, 인식, 그리고 이해에 영향을 줄 것이다. …… 신속한 우위는 적에게 압도적인 수준의 충격과 공포를 부과할 것이다. …… 지속하려는 적의 의지를 마비시키고 …… 적은 저항할 수 없게 될 것이다."[361] 즉, 전쟁의 초반기에 압도적인 무력의 사용 혹은 무력의 과시를 통해 상대방을 충격과 공포의 편향에 빠트리는 군사 전술이 신속한 우위인 것이다. 이후 미군은 충격과 공포의 개념을 활용하여 2003년 이라크 전쟁을 수행했다. 다만, 이라크 반군의 의지를 꺾기

---

359. See Harlan K. Ullman and James P. Wade, *Shock and Awe: Achieving Rapid Dominance* (National Defense University, 1996).

360. 울만과 웨이드는 '신속한 우위' 전술의 중요한 특징으로 다음 4가지를 제시했다. 1) 자기 자신, 적, 그리고 환경에 대한 전체적이거나 절대적인 지식과 이해, 2) 적용에 있어 신속성과 적시성, 3) 집행에 있어 작전 상 탁월성, 그리고 4) 전체 작전 환경에 대한 전체적 통제 및 관리. See "Shock and Awe", Wikipedia.

361. See Harlan K. Ullman and James P. Wade, *supra* note 359, p. XXIV~XXV.

에는 충격과 공포가 부족했다는 평가가 많다.[362]

---

362. See John T. Correll, "What Happened to Shock and Awe?", *Air Force Megazine* (November 1, 2003).

3.15.

낙관주의 편향

논리적 증명을 위해 극복해야 하는 인지적 편향의 대표적 유형 열다섯 번째는 '낙관주의 편향'이다. 한국어 '낙관주의'의 의미는 "세상과 인생을 희망적으로 밝게 보는 생각이나 태도"이다.[363] 영어 'Optimism'은 "희망에 가득차고 어떤 상황의 좋은 부분을 강조하는 특징, 또는 좋은 일이 벌어질 것이라는 믿음" 혹은 "미래 또는 무엇인가의 성공적인 결과에 대한 희망과 확신"을 의미한다.[364] 결국, 자신에게는 나쁜 일이 결코 벌어지지 않고 오로지 좋은 일만 일어날 것이라는 비현실적인 낙관주의 때문에 합리적 의사결정에 종종 실

---

363. 국립국어원 표준국어대사전.

364. The term 'Optimism' refers to "the quality of being full of hope and emphasizing the good parts of a situation" (Cambridge Dictionary) or "hopefulness and confidence about the future or the successful outcome of something" (Google Dictionary).

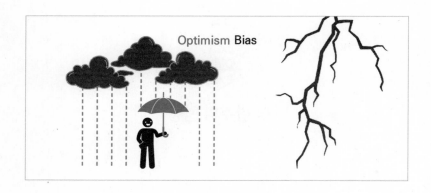

패하는 실제 인간의 모습을 설명하는 심리학적 용어가 낙관주의 편향이다.[365] 특히, 자신을 특별하다고 믿는 지나친 자기 확신이 낙관주의 편향을 만들어 내는 경우가 많다.

예컨대, "지난 1년 동안 매출이 급격하게 감소했습니다. 재정적으로 우리는 지금 적자입니다. 이 회사의 CEO로서, 당신은 매출을 다시 늘리기 위해 무엇인가 반드시 해야 합니다! 생각해 두신 계획이라도 있으신가요?"라고 직원이 질문했다. 이에 대해 CEO는 "전혀 걱정하지 마세요! 그냥 기다려 보세요! 이 사업을 시작한 이후 지금까지 늘 그래 왔던 것처럼, 모든 것이 다 잘될 것입니다."라고 답변했다. 매출의 감소로 인한 적자의 문제를 제기하는 직원의 태도는 매우 바람직하다. CEO가 부정적인 현실 앞에서 긍정적인 태도를 취하는 것 또한 바람직하다. 그러나 CEO가 매출을 증가시킬 구체적인

---

365. '낙관주의 편향'에 해당하는 영어 표현은 다음과 같다: Optimism Bias, Unrealistic Optimism Bias, Overconfidence Bias, Illusion of Invulnerability, Personal Fable 등.

| Employee: | Sales have drastically declined for the past 1 year. Financially, we are in the red now. As CEO of this company, you must do something to boost sales again! Do you have any plan in your mind? |
| CEO: | Don't worry at all! Just wait and see! Everything will be fine as it always has been since the beginning of this business. |

| Mother: | After graduating from college last year, you have done nothing but playing video games all day long! As your mom, I am so worried about your future. You need to work hard now for a better future. |
| Son: | Never mind! I am now so happy, playing this video game. Certainly, I will be much happier tomorrow, in the next week, in the next month, in the next year and so on. |

방안을 찾는 대신 그냥 가만히 기다려 보자고만 하는 것은 낙관주의 편향에 빠진 잘못된 태도이다.

다음으로, "작년에 대학을 졸업한 이후에, 너는 아무것도 하지 않고 하루 종일 비디오 게임만 하고 있구나! 엄마로서 너의 미래가 너무 걱정되는구나. 보다 나은 미래를 위해서는 지금 열심히 일해야 한단다."라고 어머니가 말했다. 이에 대해, 아들은 "신경쓰지 마세요. 저는 지금 이 비디오 게임을 하면서 너무나도 행복합니다. 틀림 없이 내일은, 다음 주는, 다음 달은, 내년은 그리고 그 이후에는 더욱 더 행복할 겁니다."라고 대답했다. 아무것도 하지 않고 그저 비디오

> " ... markets are substantially driven by psychology. ... In ... my book *Irrational Exuberance*, I offered a definition of bubble ... A situation in which news of price increases spurs investor enthusiasm which spreads by psychological contagion from person to person, in the process amplifying stories that might justify the price increase and bringing in a larger and larger class of investors ... "
>
> Robert J. Shiller

게임으로 세월을 낭비하는 아들에 대한 어머니의 염려와 걱정은 지극히 합리적이다. 이에 반해, 아무런 준비도 하지 않으면서 막연하게 미래에도 늘 행복할 것이라고 생각하는 아들의 모습은 전형적인 낙관주의 편향에 빠져 있는 것이다.

낙관주의 편향을 보여 주는 역사적 사례 중 하나는 2007년 미국의 '서브프라임 모기지 사태'에서 시작된 세계 금융 위기의 원인이 무엇인가와 관련한 논의에서 확인할 수 있다. 모든 문제의 원인을 '정부의 실패'라고 지적하는 자유주의 혹은 신자유주의는 서브프라임 모기지 사태의 근본 원인이 주택을 사회복지의 문제로 인식하고 주택 시장에 개입한 정부의 잘못된 정책이라고 주장한다.[366] 이에 반해, 모든 문제의 원인을 '시장의 실패'라고 지적하는 케인스주의 혹은 신케인스주의는 서브프라임 모기지 사태의 근본 원인이 비이성적인 시장 참여자로 인한 주택 및 금융 시장의 실패라고 주장한

---

366. 따라서 자유주의와 신자유주의가 제시하는 해결책은 자유화, 민영화, 규제 완화, 규제 철폐와 같이 정부의 역할을 줄이고 시장의 역할을 늘리는 것이다. 자유주의의 대표적 학자는 Adam Smith이고, 신자유주의의 대표적 학자는 Milton Friedman, Friedrich Hayek 등이다.

다.[367] 즉, 행동주의의 관점에서 때로는 이성적이지만 때로는 비이성적인 실제 인간의 행동에 주목한다.

신케인스주의와 행동주의의 관점에서 세계 금융 위기의 문제를 분석한 대표적인 경제학자가 2013년 노벨경제학상 수상자인 예일대학교 로버트 J. 쉴러 교수이다. "…… 시장은 상당 부분 심리에 의해 움직입니다. …… 제가 쓴 『비이성적 과열』[368]이라는 책에서, 저는 거품의 개념정의를 제시했습니다. …… 가격 상승의 소식이 투자자의 열정을 불러일으키고, 그 열정이 심리적 전염에 의해 한 사람 한 사람에게 전파되고, 그 과정에서 가격 상승을 정당화하는 이야기를 증폭시키고 더욱더 많은 투자자들을 끌어들이는 ……"[369] 결국 2007년 이후 세계 금융 위기의 근본 원인은 주택과 금융 자산의 가격이 장차 더욱 상승할 것이라는 지나친 확신과 비합리적인 낙관주의가 만들어낸 거품[370]의 붕괴였다는 것이다.

---

367. 따라서 케인스주의와 신케인스주의가 제시하는 해결책은 규제, 제한, 금지와 같이 시장의 역할을 줄이고 정부의 역할을 늘리는 것이다. 케인스주의의 대표적 학자는 John Maynard Keynes이고, 신케인스주의의 대표적 학자는 Joseph E. Stigliz, Paul Krugman, Robert J. Shiller 등이다.

368. See Robert J. Shiller, *Irrational Exuberance* (Princeton University Press, 2016). 시장을 바라 보는 Robert J. Shiller의 관점이 책 제목에 아주 명확하게 드러난다. 즉, 시장에 참여하는 사람들은 Adam Smith가 가정했던 완벽하게 이성적인 '*Homo Economicus*'(경제적 인간)가 아니고, 때로는 이성적이지만 때로는 비이성적인 '*Homo Sapiens*'(지혜로운 인간)에 불과하다. 이러한 시장 참여자들로 인한 시장의 모습을 'Exuberance' 즉, '과열'이라고 표현했다. 한편, John Maynard Keynes는 현실 속 인간의 '비이성' 혹은 '비합리성'을 'Animal Spirit'(야수적 충동)이라고 표현했고, Robert J. Shiller는 동일한 제목의 책을 공저로 출간한 바 있다. See George A. Akerlof and Robert J. Shiller, *supra* note 241.

369. See Robert J. Shiller, "Speculative Asset Prices", *Prize Lecture* (December 8, 2013), pp. 459-461.

370. 'Bubble' 즉, '거품'의 비유적 의미는 "현상 따위가 일시적으로 생겨 껍데기만 있고 실질적인 내용이 없는 상태"이다. 국립국어원 표준국어대사전. 그리고 'Bubble Economy' 즉, '거품경제'는 "매우 갑작스럽게 엄청난 성공을 거두었지만 일반적으로 매우 갑작스럽게 실패하는 경제"(an economy that becomes very successful very quickly, and which usually fails very suddenly)를 의미한다. Cambridge Dictionary.

제**4**장

논리적 증명의
본질

주관적 '의견'과 객관적 '사실'

지금까지 논리, 논증, 설득, 연역, 귀납, 귀추 등을 중심으로 논리적 증명에 필요한 기초 개념을 설명했다. 이에 더해, 논리적 증명을 위해 극복해야 하는 논리적 오류와 인지적 편향의 대표적 유형들을 다양하고 구체적인 예시를 통해 설명했다. 이제부터 오류와 편향을 넘어선 논리적 증명의 본질이 무엇인지 설명하려 한다. 논증Reasoning이란 문자 그대로 '논리적으로 증명하기'를 뜻한다. 논리적 증명의 본질은 자신의 비판적 의견인 논지Thesis를 논리Logic라는 틀에 담는 것이다. 언어적 차원에서 보면, 논리적 증명이란 문장을 넘어 문단과 단락 차원에서 듣기, 읽기, 말하기, 글쓰기 형식의 의사소

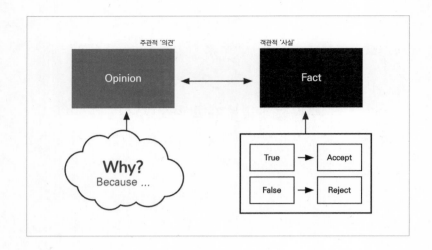

통을 올바르게 할 수 있는 것이다.[371] 결국 논리적 증명의 출발은 주관적 '의견'과 객관적 '사실'에 대한 다음 3가지 작업이다.

첫째, 주관적 '의견'과 객관적 '사실'을 철저하게 분별하라. 의견이란 "어떤 대상 혹은 현상에 대한 자기 나름의 판단"을 일컫는다.[372] 의견은 그저 자신만의 생각일 뿐 다른 사람들이 자신의 의견에 동의할지 여부는 아직 모른다. 따라서 서로 다른 사람들 간에는 의견의 충돌 즉, 논쟁이 벌어지기도 한다. 이에 반해, 사실이란 "실

---

371. 'Paragraph' 즉, '문단'이란 형식적 측면에서 '두 개 이상의 문장의 조합'이고, 본질적 측면에서 '하나의 생각'을 전달하는 것이다. 'Passage' 즉, '단락'이란 형식적 측면에서 '두 개 이상의 문단의 조합'이고, 본질적 측면에서 '하나의 생각'을 전달하는 것이다. 문단과 단락을 조합하는 원칙이 바로 'Logic' 즉, '논리'이다.

372. 국립국어원 표준국어대사전. 한편, 영어 'Opinion'은 '무엇 혹은 누군가에 대한 생각 혹은 믿음'(a thought or belief about something or someone)을 의미한다. Cambridge Dictionary.

제 있는 혹은 있었던 일"[373] 또는 "객관적 현실에 부합하고 증거에 의해 참으로 증명될 수 있는 어떤 것"[374]이다. 예컨대, '대한민국은 미국과 자유무역협정FTA을 체결했다.'라는 문장은 이미 벌어졌던 객관적 '사실'을 전달하는 진술이다. 이에 반해, '한미자유무역협정KORUS FTA은 대한민국 경제에 긍정적인 효과를 미쳤다.'라는 문장은 주관적 '의견'을 전달하는 진술이다.

둘째, 주관적 '의견'에 대해서는 반드시 '왜Why?'라는 질문을 던지라. 예컨대, '한미자유무역협정은 대한민국 경제에 긍정적인 효과를 미쳤다.'라는 의견을 듣거나 읽게 되면 반드시 '왜?'라는 질문을 던져야 한다. '왜?'라는 질문에 대한 대답에 따라 이러한 의견의 수용 여부가 결정된다. 만약, 이 의견을 쓰거나 말하는 사람이 '왜냐하면 한미자유무역협정으로 인해 2018년 한국과 미국 간의 교역량이 1,316억불로 전년대비 10.3%나 증가했기 때문이다.'[375]라고 말한다면, 이러한 사실에 근거하여 위 의견을 수용할 수도 있다.[376] 반대로, 자신의 주관적 '의견'을 글 혹은 말의 형식으로 다른 사람에게 전

---

373. 국립국어원 표준국어대사전. 한편, 영어 'Fact'는 '이미 벌어진 것으로 알려진 혹은 현재 존재하는 그 무엇, 특히 증거가 있거나 혹은 관련 정보가 있는 그 무엇'(something that is known to have happened or to exist, especially something for which proof exists, or about which there is information)을 의미한다. Cambridge Dictionary.

374. See "Fact", Wikipedia.

375. 2012년 3월 15일 한미자유무역협정이 발효된 이후 한국과 미국 간의 교역량 증감률은 2017년을 제외하고는 한국과 전세계 간의 교역량 증감률보다 항상 높았다. 2018년의 경우 한국과 미국 간의 교역량 증감률은 10.3% 그리고 한국과 전세계 간의 교역량 증감률은 8.4%였다. 산업통상자원부, "한미 FTA 발표 7년차 교역 동향" (March 13, 2019).

376. 논리학이라는 측면에서 보면, '교역량의 증가는 경제에 긍정적인 효과를 미친다.'라는 전제(Premise)가 포함되어야만 좀더 논리적으로 완벽해진다.

달할 경우 반드시 '왜냐하면Because'이라는 이유를 담은 객관적 '사실'을 미리 준비해야 한다.

셋째, 객관적 '사실'에 대해서는 반드시 그 진위 여부를 확인하라. 요즘 유행하는 말로 표현하면, 소위 '팩트 체크Fact Check'를 철저하게 해서 '가짜 뉴스Fake News'를 가려내라는 것이다. 진위 여부의 확인 결과 객관적 '사실'에 관한 진술이 '참'일 경우 수용하고 '거짓'일 경우 거부하면 된다. 예컨대, '2018년 한국과 미국 간의 교역량이 전년에 비해 8.4% 증가했다.'라는 객관적 '사실'에 관한 진술을 읽거나 듣게 되면 반드시 그 진위 여부를 확인해야 한다. 확인 결과 교역량 증가율이 8.4%가 아니라 10.3%이기에[377] 이러한 거짓 진술은 거부해야 한다. 반대로, 자신만의 주관적 '의견'을 뒷받침하기 위해 객관적 '사실'을 담은 진술을 쓰거나 말하는 경우 반드시 그 진위 여부를 사전에 충분히 확인해야 한다.

요컨대, 주관적 '의견'과 객관적 '사실'을 분별하고, 전자에 대

---

377. 산업통상자원부, *supra* note 375.

해서는 '왜?'라는 질문을 던지고 후자에 대해서는 그 진위 여부를 확인하는 것이 논리적 증명의 본질이자 비판적 사고Critical Thinking의 핵심이다. 다만, '비판Criticize'과 '비난Blame'을 결코 혼동하지 말아야 한다. "어떤 의견에 (일단 무조건) 반대"하는 비난과 달리, "시시비비를 판단"하는 비판은 어떤 의견이 왜 옳고 왜 그른지에 대해 생각하는 것이다.[378] 또한 이것이 끝없는 질문으로 자신의 무지함에 스스로 도달하도록 했던 고대 그리스의 철학자 소크라테스의 '소크라테스식 문답법Socratic Method'의 핵심이기도 하다. 누군가의 의견을 의심하고 '왜?'라는 질문을 과감하게 던져라! 데카르트가 말했듯이, '왜?'라는 의심이 생각과 존재의 시작이기 때문이다.[379]

---

378. 국립국어원 표준국어대사전.

379. *"dubito, ergo cogito, ergo sum"* (I doubt. Therefore, I think. Therefore, I am.) 즉, '나는 의심한다. 그러므로 나는 생각한다. 그러므로 나는 존재한다." See Rene Descartes, *Principles of Philosophy*, published in Latin in 1644 & translated into English by John Veitch (SMK Books, 2018).

주관적 '의견'과 객관적 '사실'을 분별하고,
전자에 대해서는 '왜?'라는 질문을 던지고
후자에 대해서는 그 진위 여부를 확인하는 것이
논리적 증명의 본질이자 비판적 사고의 핵심이다.

4.02.

논증성 평가

　　자신의 주관적 '의견'을 (문장을 넘어) 문단과 단락 차원에서 논리적으로 증명하려면 논지, 소주제, 근거[380] 간의 수직적 관계를 논증성 평가Why Test를 통해 검증해야 한다. "제2장 논리적 오류의 유형" 및 "제3장 인지적 편향의 유형"에서 제시된 예시들은 '논증성 평가'에 실패한 사례들이다. 결국 논증성 평가가 논리적 증명의 본질이라고 해도 과언이 아니다. 논지는 이슈에 대한 자신의 주관적 '의견'이다. 따라서 '왜냐하면'이라는 이유 즉, 소주제를 반드시 준비해야 한다. 소주제는 논지에 대한 이유이면서 동시에 주관적 '의견'이므로

---

380. '논지', '소주제', '근거'는 각각 'Thesis', 'Topic', 'Support'를 번역한 표현이다. 논지, 소주제, 근거를 담고 있는 문장을 각각 논지진술/결론진술, 소주제문, 근거문장이라고 한다. 논지를 전달하는 문장 중 서론(Introduction)에 있는 것을 논지진술 그리고 결론(Conclusion)에 있는 것을 결론진술이라고 한다. '논지진술', '결론진술', '소주제문', '근거문장'은 각각 'Thesis Statement', 'Concluding Statement', 'Topic Sentence', 'Supporting Sentence'를 번역한 표현이다.

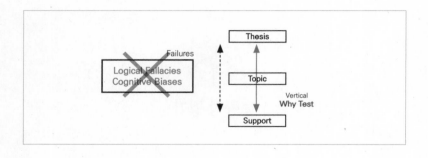

반드시 '왜냐하면'이라는 이유 즉, 객관적 '사실'에 기반한 근거를 준비해야 한다. 다음 3가지에 초점을 맞추어 논지, 소주제, 근거 간의 수직적 관계를 검증해야 한다.

첫째, 주관적 '의견Opinion'과 객관적 '사실Fact'에 대해 비판적으로 접근하라.[381] 앞서 설명한 바와 같이, 먼저 주관적 '의견'과 객관적 '사실'을 정확하게 분별하고, 전자에 대해서는 '왜?'라는 질문을 던지고 후자에 대해서는 그 '진위 여부'를 꼼꼼하게 확인하는 것이 논리적 증명의 본질이자 비판적 사고의 핵심이다. 비판적 사고는 어떤 주관적 '의견'에 대해 그것이 왜 옳고 왜 그른지를 끊임없이 '질문'하고, 객관적 '사실'에 기반한 근거를 활용하여 그 이유를 끊임없이 '대답'하는 것이다. 이러한 '질문과 대답'이 고대 그리스의 철학자 소크라테스의 '소크라테스식 문답법'의 본질이기도 하다. 결국, 주관적 '의견'과 객관적 '사실'에 대한 비판적 접근이 논증성 평가는 물론 논리적 증명의 본질이다.

---

381. 자세한 내용은 "4.01. 주관적 '의견'과 객관적 '사실'" 참고.

둘째, 논지Thesis와 소주제Topic 간의 논증 관계를 검증하라. 논지란 논란이 있는 주제 혹은 논쟁의 대상인 이슈에 대한 자신의 비판적 의견이다.[382] 예컨대, 한 편의 글을 통해 전달하고자 하는 주관적 '의견'이 바로 논지이다. 따라서, 주관적인 자신의 논지에 대한 독자의 동의를 얻어내기 위해서는 '왜냐하면'이라는 이유 즉, 소주제 3가지를 준비해야 한다.[383] 그리고 논지와 각 소주제 간에 분명한 논증 관계가 존재하는지 꼼꼼하게 검증해야 한다. 예컨대, '밀턴 프리드먼의 주장에 동의'라는 논지에 대해 '고용 측면, 양극화 해소'라는 소주제가 제시되면, 이들 논지와 소주제 간에는 논증 관계 즉, '왜?'와 '왜냐하면'의 관계가 성립하는 것으로 판단된다.[384] 즉, 논지와 소주제의 관계가 논증성 평가를 통과했다.

셋째, 소주제Topic와 근거Support 간의 논증 관계를 검증하라. 3가지 소주제는 각각 논지에 대한 이유이다. 그러나 각 소주제 또한 객관적 '사실'이 아니라 추가적 논증이 필요한 주관적 '의견'에 불과하다.[385] 이러한 맥락에서 소주제를 '이유가 되는 주장'[386]이라고 표현

---

382. 예컨대, "기업의 사회적 책임은 오로지 기업의 이윤을 증가시키는 것이다."라는 밀턴 프리드먼의 주장에 동의한다는 것은 하나의 논지 즉, 자신만의 주관적 '의견'이 될 수 있다.

383. 논리적 글쓰기의 경우 원칙적으로 3가지 소주제를 준비해야 한다. 각각의 소주제는 본문을 구성하는 한 문단이 된다. 한편, 논리적 말하기의 경우 원칙적으로 2가지 소주제만 준비하면 된다.

384. "왜냐하면 밀턴 프리드먼의 주장은 고용이라는 측면에서 양극화 해소에 도움이 되기 때문이다."라는 것은 "밀턴 프리드먼의 주장에 동의"라는 논지에 대한 이유 즉, 소주제가 될 수 있다.

385. 즉, "밀턴 프리드먼의 주장은 고용이라는 측면에서 양극화 해소에 도움이 된다."라는 것은 여전히 추가적인 논증이 필요한 주관적 '의견'에 불과하다.

386. '이유가 되는 주장'은 'Reasoned Argument'를 번역한 표현이다. 소주제란 논지에 대한 이유가 되는 또 다른 주장 즉, 주관적 '의견'이다.

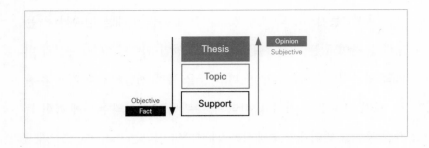

하기도 한다. 따라서, '주장' 혹은 주관적 '의견'인 소주제는 반드시 '왜냐하면'이라는 이유 즉, 객관적 '사실'에 기반한 충분한 근거에 의해 추가적으로 뒷받침되어야 한다. 예컨대, '지니계수, 한국은행자료, 소득 5분위 배율, 실업률, 청년실업률' 등과 같은 객관적 '사실'에 기반한 근거를 제시할 수 있다. 근거의 대표적인 유형으로는 예시, 통계자료, 전문가 의견, 사례분석, 일화, 시각자료, 가상사례, 실험결과, 문헌자료 등이 있다.

요컨대, 논증성 평가는 주관적 '의견'과 객관적 '사실'에 대한 비판적 접근을 통해 논지, 소주제, 근거 간의 논증 관계를 검증하는 것이다. 논증성 평가에 문제가 생기면 그저 '외침', '주장', '떼쓰기'만 있을 뿐, 결코 상대방의 생각과 행동을 변화시키는 '설득Persuasion' 즉, 논리적 증명Reasoning은 아니다. 비유하자면, 장차 '논리적 증명'이라는 튼튼한 '집'을 지탱할 '기둥'으로 사용될 '논지―소주제―근거'라는 목재를 다듬는 과정이 논증성 평가이다. 논증성 평가에 실패하게 되면 논리적 증명이라는 집은 결국 무너지게 된다. 논증성 평가를 올바르게 수행한 논리적 증명에서는 논지, 소주제,

근거 간에 주관성Subjectivity 혹은 객관성Objectivity이라는 측면에서 앞
페이지 그림과 같은 논리적 위계질서가 분명하게 드러난다.

논증성 평가는
주관적 '의견'과 객관적 '사실'에 대한 비판적 접근을 통해
논지, 소주제, 근거 간의 논증 관계를 검증하는 것이다.

연관성 평가와 균형성 평가

논리적 증명의 본질은 자신의 비판적 의견인 논지Thesis를 논리 Logic라는 틀에 담는 것이다. 자연적이고 비논리적이며 파편적인 '생각'을 인위적이고 논리적이며 온전한 '논리'라는 틀에 집어 넣어 논리적 흐름Logical Flow을 만드는 도구가 논증성 평가, 연관성 평가, 균형성 평가이다. 특히, 연관성 평가는 자신의 논지가 제시된 이슈에 대해 얼마나 직접적으로 연관되어 있는지 혹은 제시된 질문에 대해 얼마나 직접적인 대답이 되는지를 검증하는 것이다. 한편, 균형성 평가는 논증성 평가를 통과한 3가지 소주제가 본질적으로 그리고 형식적으로 서로 간에 대등하고 균형적인지 여부를 검증하고, 근거 제시 방법의 균형성 또한 추가적으로 고려하는 것이다. 각각 3가지 항목에 주목하여 연관성과 균형성을 평가해야 한다.

먼저, 연관성 평가Relevance Test의 3단계는 다음과 같다. 첫째,

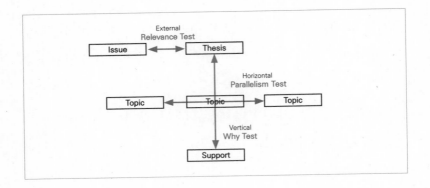

이슈Issue의 핵심을 정확하게 파악하라. 이슈란 논란이 있는 주제 혹은 논쟁의 대상을 지칭하는 말이다. 논쟁Controversy이란 "서로 다른 의견을 가진 사람들이 각각 자기의 주장을 말이나 글로 논하여 다툼"을 의미한다.[387] 즉, 어떤 주제 혹은 대상에 대해 서로 다른 의견이 '충돌'하는 것이 논쟁이다. 그 '충돌의 지점'을 정확하게 찾아내는 것이 '이슈의 핵심'을 파악하는 것이다. 예컨대, "기업의 사회적 책임은 오로지 기업의 이윤을 증가시키는 것이다."라는 밀턴 프리드먼의 주장이 서로 다른 의견의 출동 지점이다. 누군가는 밀턴 프리드먼의 주장에 동의할 것이고, 누군가는 이것에 반대할 것이며, 또 다른 누군가는 전혀 다른 의견이 있을 수도 있다.[388]

둘째, 이슈에 대한 자신의 비판적 의견Critical Opinion 즉, 논지Thesis를 결정하라. '논리'와 더불어 논리적 증명의 본질적 2요소 중

---

387. 국립국어원 표준국어대사전.
388. 경우에 따라 제시된 '질문의 요지'를 정확하게 찾아내는 것이 이슈의 핵심을 파악하는 것이기도 하다. 예컨대, "위 발체문에 제시된 밀턴 프리드먼의 주장에 대한 당신의 비판적 견해는 무엇입니까?"라는 질문이 주어졌다면, '위 발췌문에 제시된 밀턴 프리드먼의 주장'이 바로 논지의 대상인 이슈이다.

하나인 '논지'는 논쟁의 대상 즉, 이슈에 대한 자신의 비판적 의견을 지칭한다. 예컨대, "기업의 사회적 책임은 오로지 기업의 이윤을 증가시키는 것이다."라는 밀턴 프리드먼의 주장에 대해 '(밀턴 프리드먼 주장에) 동의'라는 논지를 결정했다. 혹은 "위 발췌문에 제시된 밀턴 프리드먼의 주장에 대한 자신의 비판적 의견은 무엇인가?"라는 질문에 대해 '밀턴 프리드먼 주장에 동의'라는 대답을 결정했다. 주목할 점은 이슈에 찬성하든, 반대하든, 제3의 의견을 가지든 상관없이 '왜냐하면Because'이라는 이유Reason에 근거한 자신만의 비판적 의견을 논지로 결정해야 한다는 것이다.

셋째, 이슈와 논지 간의 직접적 연관성Direct Relevance을 검증하라. '직접적'이라는 단어의 사전적 의미는 "중간에 매개물이 없이 바로 연결되는 것"이다.[389] 예컨대, "아침 밥 먹었니?"라는 질문에 대한 "빵 사주세요."라는 대답은 '직접적' 연관성이 없다. 안타깝게도 이러한 질문과 대답에 문제점[390]을 발견하지 못하는 사람들도 있다. 상대방은 오로지 실제로 '표현'된 글을 읽거나 말을 들을 뿐, 겉으로 드러나지 않은 당신의 머릿속 '생각'은 전혀 알지 못한다. 이러한 맥락에서 이슈와 논지 간의 직접적 연관성을 검증해야 한다. 예컨대, '기

---

389. 국립국어원 표준국어대사전.

390. 이러한 질문-대답에 문제점을 발견하지 못하는 사람들은 '머릿속 생각'과 '표현된 질문/대답'을 구별하지 못하는 것이다. 즉, 머릿속으로는 "아침 밥 먹었니?" → "아니요." → "배 고프겠구나." → "네." → "뭐라도 먹을래?" → "네." → "뭐 사줄까?" → "빵 사주세요."라고 순차적으로 생각했다. 그래서 "아침 밥 먹었니?" → "빵 사주세요."가 서로 연결된다고 생각하는 것이다. 그러나 실제 표현된 질문은 "아침 밥 먹었니?"이고, 실제 표현된 대답은 "빵 사주세요."라는 점에 주목해야 한다. 6개의 '중간 매개물'이 생략된 이 질문과 대답 간에는 직접적 연관성이 매우 낮다.

업의 사회적 책임은 이윤의 확대에 동의'보다 '(기업의 사회적 책임은 이윤의 확대라는) 밀턴 프리드먼의 주장에 동의'가 직접적 연관성이 훨씬 더 높은 논지이다.

다음으로, 균형성 평가Parallelism Test의 3단계는 다음과 같다. 첫째, 3가지 소주제Topic 간의 본질적 균형성을 검증하라. 각각의 소주제는 논지에 대해 논증성 평가를 통과하는 '왜냐하면'이라는 이유가 되어야 한다. 동시에 3가지 소주제는 그 내용이 서로 간에 대등하고 균형적이어야 하는데, 이것을 검증하는 것이 본질적 균형성 평가이다. 예컨대, '책임', '세수', '재정'이라는 3가지 측면에서 자신의 주장이 옳다는 소주제를 설정했다고 가정해 보자. "세금 징수를 통한 정부의 수입"인 '세수'는 "정부의 수입과 정부의 지출"을 의미하는 '재정'에 포함되기에[391], '세수'와 '재정'이라는 소주제 간에는 균형성이 무너진다. 이에 반해, '책임', '세수', '고용'이라는 소주제는 본질적 측면에서 균형성 평가를 통과한다.[392]

둘째, 3가지 소주제 간의 형식적 균형성을 검증하라. 각각의 소주제는 서로 간에 그 내용의 본질적 균형성은 물론 그 표현의 형식적 균형성 또한 지켜야 한다. 이를 위해 구체적 '표현Expression'이

---

391. 국립국어원 표준국어대사전.

392. 한편, 논증성 평가와 균형성 평가를 동시에 통과하는 소주제 3가지는 'MECE 원칙'을 지킨 것이다. 'Mutually Exclusive & Completely Exhaustive' 즉, '상호배제와 전체포괄'을 의미하는 MECE의 원칙은 1960년대 후반 경영컨설팅회사 McKinsey & Company의 Barbara Minto에 의해 제시된 개념이다. See Barbara Minto, *The Pyramid Principle: Logic in Writing and Thinking* (Minto International Inc., 1987).

아닌 추상적 '생각Idea'으로 개요짜기[393]를 수행해야지만 형식적 균형성을 보다 쉽게 유지할 수 있다.[394] 예컨대, "책임, 세수, 고용"이라는 '명사'의 형식으로 먼저 소주제 간의 형식적 균형성을 지키고, 이것을 추후 필요에 따라서 "책임이라는 측면에서, 세수라는 측면에서, 고용이라는 측면에서"라는 '부사구', "책임이라는 측면에서 재벌 제어, 세수라는 측면에서 복지재원 확보, 고용이라는 측면에서 양극화 해소"라는 '부사 + 명사구' 등으로 형식적 측면의 균형성을 유지하면서 보다 구체화할 수 있다.[395]

셋째, 근거Support 제시 방법의 균형성을 추가적으로 고려하라. 원칙적으로 균형성 평가는 3가지 소주제 간의 본질적 그리고 형식적 균형성을 검증하는 것으로 충분한다. 다만, 좀더 욕심을 부리자면, 본론 각 문단의 근거 제시 방법이 한쪽으로 치우치지 않고 어느 정도 균형성을 유지하면 더욱 좋다. 즉, 일반적으로 많이 활용되는 예시, 통계자료, 전문가 의견은 물론 사례연구, 일화, 시각자료, 가상 사례, 실험결과, 문헌자료 등 다양한 방법으로 근거를 제시하는 것이 바람직하다. 예컨대, 본론 첫 문단에서는 모 재벌 회장의 CSRs

---

393. 논리적 글쓰기의 5단계는 '1) 이해하기, 2) 브레인스토밍하기, 3) 개요짜기, 4) 글쓰기, 5) 검토하기'이다. 1), 2), 3)은 추상적 '생각'으로 4), 5)는 구체적 '표현'으로 작업해야 한다. 한편, 논리적 말하기의 5단계는 '1) 이해하기, 2) 브레인스토밍하기, 3) 단순화된 개요짜기, 4) 질문유도 및 대답준비, 5) 말하기'이다. 1), 2), 3), 4)는 추상적 '생각'으로 5)는 구체적 '표현'으로 작업해야 한다. 자세한 내용은 "4.05. 논리적 글쓰기와 논리적 말하기" 참고.

394. 이상혁, *supra* note 11, pp. 25-29 참고.

395. 논리적 글쓰기의 4단계 글쓰기에서 소주제문과 근거문장으로 구성되어 1가지 소주제를 전달하는 본론의 각 문단도 그 '분량'에 있어 서로 간에 형식적 균형성을 유지해야 한다. 이상혁, *supra* note 3, pp. 188-190 참고.

악용 예시와 콜럼비아대학교 바그와티 교수의 PSRs 관련 전문가 의견을, 그리고 두번째와 세번째 본론 문단에서는 통계청과 한국은행의 자료라는 통계를 각각 활용할 수 있다.[396]

요컨대, 주관적 '의견'과 객관적 '사실'을 구분하고, 논지·소주제·근거 간의 수직적 관계를 '논증성 평가'를 통해 검증하는 것이 논리적 증명의 본질을 이해하고 실천하는 첫걸음이다. 이에 더해, 이슈와 논지의 외부적 관계에 대한 연관성 평가와 소주제와 소주제 간의 수평적 관계에 대한 균형성 평가를 해야 한다. 즉, 연관성 평가는 이슈의 핵심을 파악하고, 이슈에 대한 자신의 비판적 의견인 논지를 결정하며, 이슈와 논지 간의 직접적 연관성을 검증하는 것이다. 균형성 평가는 3가지 소주제가 본질적으로 그리고 형식적으로 서로 간에 대등하고 균형적인지 여부를 검증하고, 이에 더해 근거 제시 방법의 균형성을 고려하는 것이다. 결국 논증성 평가, 연관성 평가, 균형성 평가가 논리적 증명의 본질이다.

---

396. 이상혁, *supra* note 3, pp. 192-198 참고.

주관성, 일관성, 정확성, 독창성, 간결성

논리적 증명의 본질은 논리적 오류와 인지적 편향을 극복하고 자신이 증명하고자 하는 주관적 '의견'을 뒷받침할 수 있는 객관적 '사실'을 제시하는 것이다. 결국 '논지'와 '소주제'와 '근거' 간의 수직적 관계를 논증성 평가를 통해 꼼꼼하게 검증할 수 있는 것이 논리적 증명의 핵심이다. 이에 더해, 자신의 주관적 '의견'을 (문장을 넘어) 문단과 단락 차원에서 논리적 글쓰기와 논리적 말하기의 형식으로 의사소통할 경우에는, 연관성 평가와 균형성 평가의 올바른 수행을 통해 논리적 증명을 완성할 수 있다. 즉, 논증성 평가, 연관성 평가, 균형성 평가가 논리적 증명의 본질이다. 다만, 주관성, 일관성, 정확성, 독창성, 간결성에 대한 추가적 검증을 통해 논리적 증명의

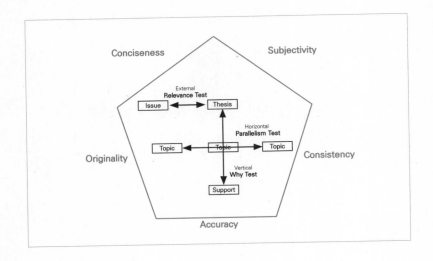

능력을 좀더 향상시킬 수 있다.[397]

첫째, 주관성Subjectivity에 대한 검증이다. 주관성 기준 문장의 4가지 유형을 구별하고, 논지·소주제·근거 간의 논리적 위계질서를 기억하며, 논지·소주제·근거를 전달할 적절한 문장 유형을 선택했는지 주목함으로써, 자신의 논증이 "얼마나 주관적인가?"를 스스로에게 질문해 보아야 한다. 논증은 주관적 '의견'인 논지를 증명하는 것이다. 따라서 1인칭을 활용하는 문장 유형을 논지진술, 결론진술, 소주제문에 쓸 수 있다. '분명함·강력함'이라는 장점과 '유치함'이라는 단점을 고려하여 1인칭 사용에 신중할 필요는 있다. 중요한 점은 주관적 '의견'을 전달하는 문장 유형을 근거문장에 사용해서는 안

---

397. 지면의 한계와 책 전체의 논리 구조를 고려하여, 오로지 주관성, 일관성, 정확성, 독창성, 간결성에 대한 기본 개념만을 설명한다. 자세한 내용과 구체적 예시가 궁금한 독자들은 필자의 졸저 『Dr. LEE의 똑똑영어: 똑바로 이해하고 똑바로 실천하는 영어 공부』와 『Dr. LEE의 논리적 글쓰기』를 함께 읽어보길 권고한다.

된다는 것이다. 반대로, 객관적 '사실'을 전달하는 문장 유형을 논지진술, 결론진술, 소주제문에 쓸 수는 없다.[398]

둘째, 일관성Consistency에 대한 검증이다. 주요 용어의 사용, 주관적 '의견'의 제시, 논리적 증명 전체의 논리 구조와 관련하여 자신의 논증이 "얼마나 일관적인가?"를 스스로에게 질문해 보아야 한다. 결국 논리적 증명에 있어 일관성을 유지한다는 것은 '단어', '문장', '문단' 차원의 언어능력을 넘어 '단락' 혹은 온전한 한 편의 '글'과 '말'의 차원에서 전체를 통제할 수 있는 언어능력이 갖추어졌음을 보여 주는 강력한 증거이다. 예컨대, 일관성을 유지한다는 것은 여러 개의 단어와 구를 모아 하나의 생각을 담은 문장을 만들고, 그 문장들을 여러 개 모아서 더 큰 하나의 생각을 담은 문단을 만들며, 그러한 문단을 여러 개 모아서 '논리적 흐름'이 있는 글과 말의 형식으로 논리적 증명을 할 수 있다는 것이다.[399]

셋째, 정확성Accuracy에 대한 검증이다. 주요 개념을 전달할 때 정확한 용어를 사용하고, 객관적 '사실'의 진위 여부를 정확하게 확인하며, 문법·철자·양식의 정확성을 유지했는지 주목함으로써, 자신의 논증이 "얼마나 정확한가?"를 스스로에게 질문해 보아야 한다. 용어의 사용, 객관적 '사실', 문법·철자·양식에 있어 정확성이 무너진 논증에 설득당하는 사람은 없다. 정확성이 무너진 글과 말은 결

---

398. 이상혁, *supra* note 11, pp. 149-153 참고.

399. 이상혁, *supra* note 11, pp. 155-160 참고.

코 논리적이지 않다. 이에 논리적 증명을 위해서는 반드시 해당 분야에 대한 이해도를 끊임없이 향상시키고, '일차적 출처'를 직접 찾아 진위 여부를 확인하며, 문법·철자 관련 오류의 수정 및 양식 관련 요구의 철저한 이행을 통해 정확성을 유지해야 한다. 이렇듯 정확성은 논리적 증명의 중요한 특징 중 하나이다.[400]

넷째, 독창성Originality에 대한 검증이다. 자신의 논지, 소주제, 근거가 독창적 사고의 3원칙[401]에 따라 준비되었는지 주목함으로써, 자신의 논증이 "얼마나 독창적인가?"를 스스로에게 질문해 보아야 한다. 독창성 없는 논증은 상대를 설득할 수 없는 진부한 '표절Plagiarism'에 불과하다. 다만, 논증에서 말하는 독창성은 천재 시인 이상이 쓴 『오감도』에서 발견되는 (글의 형태를 해체한) '문학적 독창성'도 아니고, 천재 화가 파블로 피카소가 그린 〈게르니카〉에서 발견되는 (대상의 형태를 해체한) '예술적 독창성'도 아니다. 논리적 증명에서 추구하는 독창성은 '논리'와 '논리적 흐름'이라는 맥락에서 즉, 논증성 평가, 연관성 평가, 균형성 평가를 통과하는 범위 내에서 논지, 소주제, 근거가 독창적임을 의미한다.[402]

다섯째, 간결성Conciseness에 대한 검증이다. 주요 개념을 전달하는 용어의 간결성, 장황한 문장을 개선한 문장의 간결성, 그리고

---

400. 이상혁, *supra* note 11, pp. 161-165 참고.

401. 필자가 제시하는 독창적 사고의 3원칙은 다음과 같다. 1) 현상에 도전하라! (Challenge the Status *Quo*!), 2) 다른 것들을 연결하라! (Connect the Dots), 3) 많은 아이디어를 생산하라! (Generate a Lot of Idea!).

402. 이상혁, *supra* note 11, pp. 167-172 참고.

성공적인 개요짜기를 통한 논리 전개의 간결성에 주목함으로써, 자신의 논증이 "얼마나 간결한가?"를 스스로에게 질문해 보아야 한다. 간결하지 못한 논증은 상대방을 헷갈리게 할 뿐 결코 설득력이 없다. 복잡한 것을 복잡하게 표현하는 것은 매우 쉽다. 그러나 복잡한 것을 간결하고 단순하게 표현하는 것은 매우 어렵다. '더 이상 버려야 할 불필요한 것이 남아 있지 않은 상태'인 간결성과 단순함 Simplicity을 유지한 것, 이것이 진정한 실력이다. "단순함은 산을 옮길 수 있는 힘이 있다."라고 예찬했던 스티브 잡스의 말처럼, 간결한 논증은 독자의 생각과 행동을 변화시킬 수 있다.[403]

---

403. 이상혁, *supra* note 11, pp. 173-178 참고.

논증성 평가, 연관성 평가, 균형성 평가가
논리적 증명의 본질이다.
다만, 주관성, 일관성, 정확성, 독창성, 간결성에 대한 추가적 검증을 통해
논리적 증명의 능력을 좀더 향상시킬 수 있다.

4.05.

논리적 글쓰기와 논리적 말하기

논증성 평가, 연관성 평가, 균형성 평가에서 출발하여 주관성, 일관성, 정확성, 독창성, 간결성에 대한 추가적 검증을 통해 완성되는 논리적 증명의 능력은 구체적으로 논리적 글쓰기와 논리적 말하기[404]를 통해 외부로 드러난다. 언어능력의 발전단계[405]라는 측면에서 보면, 논리적 글쓰기와 논리적 말하기는 문장을 넘어 문단과 단락 차원에서 논리적 증명을 할 수 있는 것이다. 의사소통의 방법[406]이라는 측면에서 보면, 논리적 글쓰기와 논리적 말하기는 적극적 의사소

---

404. 논리적 증명을 한국어로 하면 '논리적 글쓰기'와 '논리적 말하기'가 되고, 영어로 하면 'Essay'와 'Interview'가 된다.

405. 인간의 언어능력은 'Word → Phrase → Sentence → Paragraph → Passage' 즉, '단어 → 구 → 문장 → 문단 → 단락'의 단계를 거쳐 발전한다. 이상혁, *supra* note 3, pp. 63-68 참고.

406. 의사소통의 4가지 방법은 읽기, 듣기, 글쓰기, 말하기이다. 이상혁, *supra* note 3, pp. 91-101 참고.

통[407]인 글쓰기와 말하기 형식으로 논리적 증명을 할 수 있는 것이다. 따라서 논리적 글쓰기와 논리적 말하기는 입시, 학업, 취업, 업무 등 매우 다양한 영역에서 문장을 넘어 문단과 단락 차원의 논증 능력을 검증하는 수단으로 활용되고 있다.

논리적 글쓰기와 논리적 말하기의 가장 중요한 공통점은 무엇일까? 바로 그 본질이 논리Logic라는 점이다. 언어능력의 발전단계라는 측면에서 논리란 자신의 추상적 '생각'을 문단과 단락이라는 구체적 '표현'의 형식에 담을 때, 그것을 전달 받는 상대방이 자신의 생각에 동의할 수밖에 없도록 만드는 '문단과 단락의 조합 원칙'이다. 현실적으로 논리능력은 논리적 분석, 논리적 사고, 논리적 표현이라는 3단계를 거쳐 드러난다. 즉, 주어진 상황 혹은 문제를 논리적으로 분석하고, 그 분석의 결과를 토대로 자신의 생각을 논리적으로 정리하고, 그 생각을 글과 말의 형식에 맞추어 논리적으로 표현하는 것이다. 이때 논리적 표현이 글과 말의 형식으로 이루어지는 것을 각각 논리적 글쓰기와 논리적 말하기라고 한다.

우선, 논리적 글쓰기Essay는 논란이 있는 주제에 대한 자신의 비판적 의견을 논리라는 틀에 담아 전달해서 독자로 하여금 자신의 생각에 동의하도록 만드는 글쓰기이다. 즉, 논쟁의 대상인 이슈에 대한 논지Thesis를 논리Logic라는 틀에 담는 글쓰기이다. 이에 반해,

---

407. '적극적 의사소통'은 'Active Communication'을 번역한 표현이다. 한편, 읽기와 듣기는 'Passive Communication' 즉, '소극적 의사소통'이다.

한국어 '에세이'의 사전적 의미는 "일정한 형식을 따르지 않고 인생이나 자연 또는 일상생활에서의 느낌이나 체험을 생각나는 대로 쓴 산문 형식의 글"[408]이다. 즉, '에세이'는 '형식이 없고' 그저 '생각나는 대로' 쓰는 수필이다. 이렇듯 수필을 의미하는 한국어 '에세이'와 논리적 글쓰기를 영어로 하는 Essay는 전혀 다른 것이다. 다만, 이러한 잘못된 표현이 한국 사람들의 논리적 글쓰기에 심각한 걸림돌이 되고 있는 현실이 안타까울 따름이다.

논리적 글쓰기의 형식적 출발점은 '서본결' 구조의 '5-문단 Essay'이다. '서론(1문단) — 본론(3문단) — 결론(1문단)'으로 구성된 '5-문단 Essay'의 형식은 논지를 논리에 담는 논리적 글쓰기에 매우 유용하다. '직선적 사고패턴'을 가지고 있는 영어를 모국어로 사용하는 사람들과 달리, '결론을 먼저 그리고 직접적으로 말하기' 혹은 '자신의 의견을 분명하게 제시하기'에 익숙하지 않은 전통적인 동양인(특히, 한국인)[409]에게 '5-문단 Essay'의 형식은 논리를 이해하고 연습하기에 효과적인 도구이다. 즉, 서론에서 논지진술과 소주제소개로 글 전체의 결론과 흐름을 먼저 보여 주고, 본론에서 그 이유를

---

408. (밑줄 추가) 국립국어원 표준국어대사전.

409. See Robert B. Kaplan, "Cultural Thought Patterns in Inter-cultural Education", *Language Learning*, Vol. 16 (1-2) (1966), pp. 1-20. 예컨대, 영어와 한국어의 문장구조 차이를 살펴보면 이러한 사고패턴의 차이를 보다 쉽게 이해할 수 있다. 영어의 경우 결론/의견이 담기는 동사(Verb)가 주어(Subject) 바로 다음에 나오고 그 후에 설명이 뒤따른다. 이에 반해, 한국어의 경우 주어가 먼저 나오고 나머지 모든 설명이 붙은 후 제일 마지막에 결론/의견이 담긴 동사가 위치한다. 따라서 영어를 모국어로 사용하는 사람들은 결론이 나오고 이유/설명이 뒤따른 것(예컨대, 좋아! 왜냐하면 ……)을, 그리고 한국어를 모국어로 사용하는 사람들은 이유/설명이 먼저 나오고 결론이 제일 마지막에 나오는 것(예컨대, …… 그래서 좋아)을 각각 좀더 편안하고 자연스럽게 받아들인다.

하나씩 풀어내고, 결론에서 결론진술과 소주제요약으로 글 전체를
다시 보여 준다.

물론 '5-문단 Essay'에 대한 여러 가지 문제 제기가 있는 것 또
한 사실이다. 누군가는 '5-문단 Essay'가 너무 단순하고 기계적이어
서 현실에서 사용하기에 부적절한 형식이라고 비난하고, 또 다른 누
군가는 그 나름의 장점은 인정하지만 이제 글쓰기의 새로운 대안을
찾아야 한다고 비판한다. 논리적 글쓰기라는 측면에서 이미 '5-문
단 Essay'의 효용을 충분히 누린 사람들이 주로 이러한 비난과 비판
을 제기한다. 아무런 형식 즉, '격格'을 갖추지 못한 '무격無格'의 상태
에서 출발해 이제 충분히 '격'을 갖추었으니, 그 격을 뛰어넘는 '파
격破格'을 주장하는 것이다.[410] 다만, 이 책의 목적상 논리적 증명 능
력을 드러내는 한 방법인 논리적 글쓰기의 형식에만 초점을 맞추고
'파격'에 대한 논의는 생략하도록 하겠다.[411]

한편, 논리적 말하기Interview는 논란이 있는 주제에 대한 자신
의 비판적 의견을 논리라는 틀에 담아 전달해서 청자로 하여금 자신
의 생각에 동의하도록 만드는 말하기이다. 즉, 논지를 논리라는 틀
에 담는 말하기이다. 따라서, '5-문단 Essay'의 기본 틀과 형식을 논

---

410. 비유하자면, 서구 사회가 '전근대사회'(Pre-modern Society)를 지나 철저한 '근대화'(Modernization)를 통해
'근대 사회'(Modern Society)의 극단에 도달하게 되자, 근대를 뛰어넘는 '탈근대주의'(Post-modernism) 혹은
'해체주의'(Deconstructionism)의 주장이 제기되었다. 문제는 아직 근대화도 제대로 완성하지 못한 상태에서
탈근대화와 근대의 해체를 주장하는 것은 논쟁의 맥락을 전혀 이해하지 못했다는 것이다. 따라서, 아직 논리적
글쓰기와 논리적 말하기의 기본적인 '틀', '형식' 혹은 '격'도 갖추지 못한 상황에서 '틀의 해체', '형식의 해체' 혹은
'파격'을 주장하는 것은 바람직하지 않다.

411. 이상혁, *supra* note 11, pp. 183-186 참고.

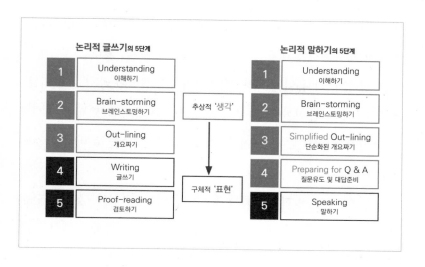

리적 말하기에 응용하면 된다. 우선, 개요짜기를 단순화해야 한다. 말하기라는 표현 방법의 특징과 시간의 제약으로 인해 논리적 말하기의 5단계는 논리적 글쓰기의 5단계와 차이가 있다. 물론 시간이 허락하는 범위 내에서 1단계 이해하기 및 2단계 브레인스토밍하기는 가급적 동일하게 진행한다. 그러나 3단계에서는 논지의 이유인 소주제를 2가지만 준비하고 각각의 소주제를 뒷받침하는 근거도 좀 더 간소화하는 '단순화된 개요짜기'를 진행한다.

다음으로, 질문을 유도하고 대답을 준비해야 한다. 논리적 글쓰기와 달리, 논리적 말하기에서는 직접대면이라는 특징 때문에 면접자가 피면접자에게 추가 질문을 던질 가능성이 매우 크다. 따라서 피면접자는 '자신이 잘 대답할 수 있는 것'을 면접자가 질문할 수밖에 없도록 적극적으로 유도하고, 그 유도된 질문에 대한 대답을 미리 준비해야 한다. 이를 위해 4단계 '질문유도 및 대답준비'에서는 자신이 개요짜기한 내용 중 주요 개념을 전달하는 용어를 3-5개 정도 선정하여, 각 용어에 대해 '개념정의', '논쟁', '근거', '나의 의견', '나의 근거'를 준비한다. 아무리 시간이 부족해도, 반드시 반대개념과 예시를 중심으로 각 용어의 '개념정의'는 최소한 준비하는 것이 바람직하다.

이에 더해, 말하기의 특징에 맞춰 표현해야 한다. 3단계 '단순화된 개요짜기'를 통과한 추상적 '생각'을 5단계 '말하기'에서 구체적 '표현'으로 변경해서 말해야 한다. 논리적 말하기에도 문단과 단락의 논리적 구분은 분명하게 있다. 다만, 그러한 구분이 눈에 보이지는 않는다. 논리적 말하기에는 논지를 보여 주는 제목도 없다. 따라서 논리적 흐름을 보여 주는 연결어의 사용이 반드시 필요하다. 논지를 제시할 때는 1인칭 주어를 분명하게 쓰고, 원칙적으로 경어체를 사용한다. 논리적 말하기에서는 논지, 소주제, 근거의 전달이라는 언어적 의사소통을 통한 논리적 설득도 중요하지만, 음성, 표정, 자세와 같은 비언어적 의사소통Non-verbal Communication을 통한 정서적 유대 즉, 공감을 얻는 것이 매우 중요하다.[412]

---

412. 이상혁, *supra* note 11, pp. 187-191 참고.

논리적 증명이란
논리 혹은 이성과 합리성에 따라 생각하는 것이다.
논리적 증명이 구체적 언어로 표현되면
논리적 글쓰기와 말하기가 되고,
구체적 행동으로 표현되면 합리적 선택과 의사결정이 된다.

주관적 '의견'과 객관적 '사실'에 대한 명확한 구분을 전제로
논증성·연관성·균형성 평가에서 출발하여
주관성·일관성·정확성·독창성·간결성에 대한
추가적 검증을 통해 완성된 논리적 증명의 능력은
논리적 글쓰기와 논리적 말하기를 통해 외부로 드러난다.

맺으며

모든 사람들은 매일매일의 일상에서 의식적으로 혹은 무의식적으로 다양한 유형의 논리적 증명을 시도하면서 살아가고 있다. 예컨대, 연인의 마음을 얻기 위한 편지와 대화, 좋은 점수를 받기 위한 주관식 답안과 수업 시간의 발표, 대학 및 대학원 입시를 위한 자기소개서와 논술·면접시험, 채용담당자에게 선택되기 위한 입사지원서와 면접시험, 책임을 줄이기 위한 사유서와 탄원서, 투자 유치를 위한 사업계획서와 프리젠테이션, 학위 취득을 위한 논문과 발표, 사랑하는 자녀를 올바른 방향으로 인도하기 위한 대화 등이 모두 논리적 증명의 구체적 사례이다. 그러나 필자를 포함한 다수의 평범한 보통 사람들은 여전히 논리적 증명과 관련하여 답답함과 어려움 그리고 후회와 아쉬움을 늘 경험하고 있다.

결국 불편한 감정들을 경험하게 되는 근본적인 이유는 논리적 오류와 인지적 편향을 극복하지 못한 채 논리적 증명에 실패하기 때문이다. 필자는 '논리적 증명'을 정확하게 이해하고 올바르게 실천하는 방법을 배우기 위해 국내 및 해외의 다양한 서적들을 찾아보았다. 그러나 안타깝게도 '논리적 증명'이 도대체 무엇인지, 논리적 증명에 왜 실패하는지, 논리적 증명을 위해 무엇을 실천해야 하는지 등을 일반 대중의 눈높이에 맞추어 '보다 쉽게' 그러나 '정확하게' 설명하는 책을 도무지 찾을 수 없었다. 이에 『Dr. LEE의 오류와 편향을 넘어선 논증』의 집필을 결심했다. 이 책은 영어와 한국어로 다양한 유형의 논리적 증명을 시도해 본 필자의 '경험'을 토대로 개념화되고 체계화된 '논리적 증명'의 방법론이다.

논리 혹은 이성과 합리성에 따라 생각하는 논리적 증명의 본질은 논리적 오류와 인지적 편향을 극복하고 자신이 증명하고자 하는 주관적 '의견'을 뒷받침할 수 있는 객관적 '사실'을 제시하는 것이다. 먼저, 주관적 '의견'과 객관적 '사실'을 구분하고, 논지·소주제·근거 간의 수직적 관계를 논증성 평가를 통해 검증하는 것이 논리적 증명의 본질을 이해하고 실천하는 첫걸음이다. 이에 더해, 이슈와 논지 간의 외부적 관계에 대한 연관성 평가와 소주제와 소주제 간의 수평적 관계에 대한 균형성 평가를 해야 한다. 결국 논증성 평가, 연관성 평가, 균형성 평가가 논리적 증명의 본질이다. 다만, 주관성, 일관성, 정확성, 독창성, 간결성에 대한 추가적 검증을 통해 논리적 증명의 능력을 좀더 향상시킬 수 있다.

만약 훌륭한 스승들을 만날 행운이 필자에게 없었다면, 이 책의 집필은 애당초 불가능했을 것이다. 필자에게 책을 읽고 글을 쓰는 재미를 가르쳐 주신 고려대학교 영문학과 김우창 교수님과 이건종 교수님. 필자에게 '느낌'의 언어를 배제하고 '사실'과 '의견'을 분별해서 논문을 쓰도록 가르쳐 주신 고려대학교 법학전문대학원 박노형 교수님. 필자의 졸고에 언제나 정성 가득한 조언을 해주셨던 McCombs School of Business, The University of Texas at Austin의 D. Michael Dodd 교수님과 Paula Murray 교수님. 그저 감사할 뿐이다! 필자의 졸저 『Dr. LEE의 논리적 글쓰기』와 『Dr. LEE의 똑똑영어』의 원고를 읽고서 논증에 관한 책을 쓰도록 권고해 주신 도서출판 연암사 권윤삼 대표님께도 감사함을 전한다.

COVID-19로 인해 전세계 모든 사람들이 한번도 경험하지 못했던 새로운 유형의 두려움과 불편함이 우리의 일상을 지배하고 있다. 하지만 인생사 '새옹지마塞翁之馬'라고 하지 않았던가! 필자의 경우 지난 몇 달 동안 연구실에 갇혀 이 책의 집필에 집중할 수 있어서 오히려 감사한 측면도 있다. 한 권의 책을 마무리하는 동안 필자에게 혼자만의 시간을 허락해 주고 늘 웃는 얼굴로 응원해 준 아내와 딸에게는 고맙고 미안한 마음뿐이다. 새로운 책의 출간을 가장 기뻐하셨을 9년 전 돌아가신 아버지, 자식 잘 되길 늘 기원하시는 어머니, 기도로 응원해 주시는 장인·장모님께도 감사의 인사를 드린다.

끝으로, 이 책을 읽는 모든 독자들이 오류와 편향을 극복한 '논증'의 재미에 흠뻑 빠져들길 진심으로 소망한다.

2021년 10월 연구공간 자유에서
(www.TheInstituteForLiberty.com)
이 상 혁

주요 용어

5-Paragraph Essay 5문단 에세이
9/11 Terrorist Attacks 9/11 테러
Abduction 귀추
Abductive Reasoning 귀추적 논증
Absolute Poverty 절대적 빈곤
Acceptability 수용가능성
Accuracy 정확성
Active Communication 적극적 의사소통
Affinity Bias 친화도 편향
Agreeability 동의가능성
Agreement 일치
Agreement on Trade-Related Aspects of Intellectual
Property Rights, TRIPS 무역관련지적재산권협정
AI, Artificial Intelligence 인공지능
Allegory of the Cave 동굴 우화
Analogy 비유
Anchoring Bias 기준점 편향
Animal Spirit 야수적 충동
Anti-Semitism 반유대주의
Appeasement Policy 유화정책
Apples and Oranges 전혀 다른 것
Approximation 근사치
Aristocracy 귀족정
Aspiration Price, AP 희망가격
Availability Bias 가용성 편향
Bandwagon Effect 편승 효과, 밴드왜건 효과
Behavioral Economics 행동주의 경제학
Behaviorism 행동주의, 행태주의
Best Alternative to a Negotiated Agreement, BATNA
(최고의 협상 대안)
Bias 편향
Black Swan 검은 백조
Blood Type Personality Theory 혈액형 성격 이론
Body 본론
Bounded Rationality 제한된 합리성
Brain-storming 브레인스토밍하기
Bubble Economy 거품경제
Camel's Nose in the Tent 텐트 속 낙타의 코
Capitalism 자본주의
Cause 원인

Causation 인과관계
Celebrity Branding 유명인 광고
Celebrity Endorsement 유명인 광고
Charismatic Authority 카리스마적 권위
Choice Architecture 선택설계
Christian Evangelism 기독교 복음주의
Christian Fundamentalism 기독교 근본주의
Clash of Civilizations 문명의 충돌
Climate Change 기후변화
CNN Effect CNN 효과
Coefficient of Correlation 상관계수
Cognitive Bias 인지적 편향
Collaboration 협업
Collective Punishment 연대 처벌
Collective Intelligence 집단지성
Collective Wisdom 집단지성, 집단지혜
Collectivism 집단주의
Communication 의사소통
Conciseness 간결성
Concluding Statement 결론진술
Conclusion 결론
Confirmation Bias 확증 편향
Conformity 동조
Conjunctive Syllogism 결합 삼단논법
Consilience 통섭
Consistency 일관성
Contents 콘텐츠
Controversy 논쟁
Copernican Paradigm Shift 코페르니쿠스적인 인식체계의 전환
Copernican Revolution 코페르니쿠스적인 혁명
Correlation 상관관계
Countability 셀 수 있는지 여부
Counter-concept 반대개념
COVID-19 코로나 19
Creative Option 창의적 옵션
Creativity 창의성
Critical Opinion 비판적 의견
Critical Thinking 비판적 사고
Cultural Absolutism 문화적 절대주의
Cultural Diversity 문화적 다양성

Liberalism 자유주의
Libertarianism 자유주의, 자유방임주의
Libertarian Paternalism 자유방임적 가부장주의
Linguistic Competence 언어능력
Listening 듣기
Logic 논리
Logical Analysis 논리적 분석
Logical Fallacy 논리적 오류
Logical Flow 논리적 흐름
Logical Presentation 논리적 표현
Logical Thinking 논리적 사고
Logos 이성, 합리성, 말씀
London Schedule of Payments 런던지불일정
Loss Aversion Bias 손실회피 편향
Major Premise 대전제, 일반적 전제
Marginal Principle 한계의 원칙
Material Fallacy 실체적 오류
Melting Pot 용광로, 다문화주의
MECE, Mutually Exclusive & Collectively Exhaustive
상호배제 전체포괄
Minor Premise 소전제, 구체적 전제
Modus Ponendo Tollens 긍정부정논법
Modus Ponens 긍정논법
Modus Tollens 부정논법
Modus Tollens Ponens 부정긍정논법
Mother Tongue 모국어
Multi-culturalism 다문화주의
Munich Agreement 뮌헨합의
Myopia Bias 근시 편향
Negotiation 협상
Neo-conservatism 신보수주의
Neo-liberalism 신자유주의
Nudge 넛지, 자유방임적 가부장주의
Objective Standard 객관적 기준
Objectivity 객관성
Observation 관찰
Opinion (주관적) 의견
Optimal Decision-making 최적의 의사결정
Optimism Bias 낙관주의 편향
Originality 독창성
Original Source 일차적 출처
Out-lining 개요짜기
Panic Buying 공포 구매
Panic Purchase 공포 구매
Paper 페이퍼, 논문
Paradigm 패러다임, 인식체계
Paradigm Shift 인식체계의 전환
Paragraph 문단

Parallel Construction / Structure 균형잡힌 구조
Parallelism Test 균형성 평가
Passage 단락
Passive Communication 소극적 의사소통
Paternalism 가부장주의, 국가개입주의
Pathos 감성
Persuasion 설득
Ph.D. 박사(학위)
Phrase 구
Plagiarism 표절
Political Freedom 정치적 자유
Premise 전제
Price Elasticity 가격탄력성
Primacy Effect 초두효과
Primary Source 일차적 출처
Principle of Precautionary Approach 사전예방적 접근의 원칙
Principle of Sufficient Scientific Evidence
충분한 과학적 근거의 원칙
Problem-solving Capability 문제해결능력
Proof-reading 검토하기
Pseudoscientific Argument 유사과학적 주장
Pun 말장난
Rapid Dominance 신속한 우위
Rationality 합리성
Reading 읽기
Realism 현실주의
Reason 이성, 이유
Reasoned Argument 이유가 되는 주장, 소주제
Reasoning 논증, 추론
Reasoning Test 논증성 평가
Recency Effect 후두효과
Relativity Bias 상대성 편향
Relevance Test 연관성 평가
Representativeness Bias 대표성 편향
Reservation Price, RP 유보가격
Rhetoric 수사학
Salad Bowl 샐러드 그릇, 다문화주의
Satisfactory Decision-making 만족스러운 의사결정
Scaremongering 공포감 조성
Scenario 가상사례
Self-serving Bias 이기적 편향
Sentence 문장
Shock and Awe Bias 충격과 공포 편향
Silo Effect Bias 사일로 효과 편향
Simplicity 단순함
Speaking 말하기
Specific Premise 소전제, 구체적 전제

참고 문헌

- 국립국어원 표준국어대사전.
- 김경아, 『사랑 우정 성격 맞아! 맞아! 혈액형』, 텐텐북스, 2015.
- 김병일, "한국인 광우병 걸릴 확률 높다 … PD수첩 '광우병 보도'는 허위", 한국경제, 2011년 9월 2일.
- 김은중, "영국까지 튄 전단금지법 파문 … 민주당 "내정간섭 말라"", 조선일보, 2020년 12월 21일.
- 김주원, 『혈액형 심리 테스트』, 문화북 혁학신서, 2013.
- 산업통상자원부, "한미 FTA 발표 7년차 교역 동향", 2019년3월 13일.
- 서울중앙지검, "미 쇠고기 수입반대 불법폭력 시위사건 수사백서", 2009.
- 신약성경 『요한복음』.
- 오기현, 『혈액형과 성격』, 다온출판사, 2011.
- 유순근, 『논리와 오류: 비판적 사고와 논증』, 서울: 박영사, 2018.
- 이가영, "미국산 소고기 사용해 비판받는 김미화", 중앙일보, 2017년 7월 27일.
- 이경기, 『혈액형 인간학 A형』, 김&정, 2006.
- 이상혁, 『Dr. LEE의 논리적 글쓰기』, 서울: 연암사, 2021.
- 이상혁, 『Dr. LEE의 똑똑영어: 똑바로 이해하고 똑바로 실천하는 영어 공부』, 서울: 연암사, 2021.
- 이상혁, 『Dr. LEE의 '영어'로 대학가기』, 서울: KP Publisher, 2010.
- 이상혁, 『Dr. LEE의 용어로 풀어보는 글로벌 이슈 제1권』, KP Publisher, 2014.
- 이상혁, 『Dr. LEE의 용어로 풀어보는 글로벌 이슈 제2권』, KP Publisher, 2014.
- 이정은, "美의회 인권기구 "한국 대북전단금지법, 어리석은 입법"", 동아일보, 2020년 12월 14일.
- 장세만, ""쇠고기 수입 재협상해야" 80.5% … 압도적 여론", SBS 8시 뉴스, 2008년 6월 2일.
- 통계청, "무역의존도", KOSIS.
- 하랄트 뮐러, 『문명의 공존: 하랄트 뮐러의 反헌팅턴 구상』, 푸른숲, 2000.
- 한정수, "대법 "MBC '광우병 보도 사과방송' 정정보도 안해도 돼", 머니투데이, 2016년 7월 14일.
- Aaker, David A., "Marketing in a Silo World: The New CMO Challenge", *Harvard Business Review*, November 1, 2008.
- Acemoglu, Daron and Robinson, James A., *Why Nations Fail: The Origins of Power, Prosperity, and Poverty, Currency*, 2013.
- "Adolf Hitler Issues Comment on the "Jewish Question"", *Timeline of Events, United States Holocaust Memorial Museum*, https://www.ushmm.org/learn/timeline-of-events/before-1933/adolf-hitler-issues-comment-on-the-jewish-question, accessed October 2021.
- Akasofu, Syun-Ichi, "Aftermath of Global Wamring Hysteria", *Energy & Environment*, Vol. 21, No. 6, 2010.
- Akerlof, George A. and Shiller, Robert J., *Animal Spirits: How Human Psychology Drives the Economy, and Why it Matters for Global Capitalism*, Princeton University Press, 2010.
- Aldisert, Ruggero J., *Logic for Lawyers: A Guide to Clear Legal Thinking*, 3rd Edition, National Institute for Trial Advocacy, 1997.
- An Interview with Ana Rosa Quintana, "The Troubling Situation in Venezuela: Why are Venezuelans Tumbling into Extreme Poverty and Leaving the Country for Better Opportunity?", *The Heritage Foundation*, https://www.heritage.org/americas/heritage-explains/the-troubling-situation-venezuela, accessed October 2021.
- Ariely, Dan, *Predictably Irrational: The Hidden Forces That Shape Our Decisions*, Revised & Expanded Edition, New York, NY: Harper Perennial, 2010.
- Aristotle, *Rhetoric*, Dover Publications, 2012.
- Bradic, Lily, "Celebrity Endorsements on Social Media Are Driving Sales and Winning Over Fans", *Social Media Week*, September 30, 2015.
- "Bush Warned of Hijackings Before 9-11", *ABC News*, January 8, 2006.
- Cambridge Dictionary.
- Casciaro, Tiziana and et al., "Cross-Silo Leadership", *Harvard Business Review*, May-June 2019.
- Chamberlain, Neville, "Peace for Our Time", 1938.
- Chaudhary, Uttera and Asthana, Ankita, "Impact of Celebrity Endorsements on Consumer Brand Loyalty: Does It Really Matter?", *International Journal of Scientific and Research Publications*, Volume 5, Issue 12, December 2015.

· Chua, Amy, *Day of Empire: How Hyperpowers Rise to Global Dominance and Why They Fall*, Knopf Doubleday Publishing Group, 2007.

· Collinson, Stephen, "An Amazing Moment in History: Donald Trump's Press Conference", *CNN*, February 16, 2017.

· Copernicus, Nicolaus, *De Revolutionibus Orbium Coelestium*, 1543.

· Correll, John T., "What Happened to Shock and Awe?", *Air Force Megazine*, November 1, 2003.

· Davis, Percival and H. Kenyon, Hean, *Of Pandas and People: The Central Question of Biological Origins*, Haughton Pub Co, 1989.

· Dawkins, Richard, *The Blind Watchmaker: Why the Evidence of Evolution Reveals a Universe without Design*, W. W. Norton & Company, 2015.

· Dawkins, Richard, *The Selfish Gene: 40th Anniversary Edition*, Oxford University Press, 2016.

· Dembski, William A. and Wells, Jonathan, *The Design of Life: Discovering Signs of Intelligence in Biological Systems*, ISI Distributed Titles, 2008.

· Descartes, Rene, *Principles of Philosophy*, published in Latin in 1644 & translated into English by John Veitch, SMK Books, 2018.

· Diamond, Stuart, *Getting More: How You Can Negotiate to Succeed in Work and Life*, London, England: Portfolio Penguin, 2010.

· Elberse, Anita and Verleun, Jeroen, "The Economic Value of Celebrity Endorsements", *Journal of Advertising Research*, Volume 52, No. 2, June 2012.

· Ellis Jr., Admiral James O., "Leaving the Middle East: The Fallacy of a False Dichotomy", *Strategika*, Issue 63, March 31, 2020.

· English Oxford Living Dictionaries

· Fisher, Roger, et al., *Getting to Yes: Negotiating Agreement without Giving In*, Penguin Books, 2011.

· Forefront Books, *The Tweets of President Donald J. Trump: The Most Liked and Retweeted Tweets from the Inauguration through the Impeachment Trial*, Forefront Books, 2020.

· Friedman, Milton, *Capitalism and Freedom*, University of Chicago, 2003.

· Friedman, Milton, "Milton Friedman Replies: Advising Chile", *Newsweek*, June 14, 1976.

· Fry, Geoffrey K., *The Politics of Crisis: An Interpretation of British Politics, 1931–1945*, Palgrave Macmillan, 2001.

· Furukawa, Takeji, "A Study of Temperament and Blood-Groups", *The Journal of Social Psychology*, 1930, Volume 1, Issue 4.

· Galilei, Galileo, *Dialogue Concerning the Two Chief World Systems* (Modern Library, originally printed in Italian in1632 and later translated into English in 2001).

· Gartzke, Erik, "The Capitalist Peace", *American Journal of Political Science*, Vol. 51, No. 1, January 2007,

· Google Dictionary

· Gore, Al, *An Inconvenient Truth: The Crisis of Global Warming*, Viking Books for Young Readers, 2007.

· Gore, Al, *An Inconvenient Truth: The Planetary Emergency of Global Warming and What We Can Do About It*, Rodale Books, 2006.

· Gott, Davey, "How Many Colors Are There in the World?", *NCI News*, May 3, 2019.

· Grant, Adam, "Negotiation Advantage: Make the First Move", *Wharton Work*, https://executiveeducation.wharton.upenn.edu/wp-content/uploads/2018/03/1209-Negotiating-Advantage.pdf, accessed October 2021.

· Gwiazda, J., Ong, E., Held, R. and Thorn, F., "Vision: Myopia and Ambient Night-time Lighting", *Nature* 404, 2000.

· Hall, Sharon Hurley, "How to Design a Free Trial Marketing Strategy that Coverts", *Optinmonster*, October 18, 2019.

· Harari, Yuval Noah, *Homo Deus: A Brief History of Tomorrow*, Vintage, 2015.

· Hayek, F. A., *The Road to Serfdom*, University of Chicago, 2003.

· Heibron, John L., *Galileo*, Oxford University Press, 2010.

· Hickman, Kennedy, "World War II: Munich Agreement: How Appeasement Failed to Deter World War II", *ThoughCo*, January 14, 2020.

· Hitler, Adolf, *Mein Kampt*, 1925.

· Huntington, Samuel P., "The Clash of Civilizations?", *Foreign Affairs*, Summer 1993.

· Huntington, Samuel P., *The Clash of Civilizations: The Remaking of World Order*, New York, NY: Simon & Schuster, 1996.

· Huntington, Samuel P., *Who Are We?: The Challenges to America's National Identity*, Simon & Schuster, 2005.

· Janis, Irving, "Groupthink", *Psychology Today Magazine*, 1971.

· Kahneman, Daniel, *Thinking, Fast and Slow*, 1st Edition, New York, NY: Farrar, Straus and Giroux, 2011.

· Kaplan, Robert B., "Cultural Thought Patterns in Inter-cultural Education", *Language Learning*, Vol. 16 (1–2), 1966.

· Keynes, John Maynard, *The General Theory of Employment, Interest and Money*, originally published in 1936, Hawthorne, CA: BN Publishing, 2008.
· Kim, Hyung-jin, "Amid Free Speech Concerns, South Korea Bans Sending Leaflets Via Balloon to North Korea", *The Diplomat*, December 15, 2020.
· Kotler, Philip and et al., *Principles of Marketing: A Global Perspective*, Pearson, 2009.
· Krugman, Paul, *The Return of Depression Economics and the Crisis of 2008*, W. W. Norton & Company, 2009.
· Letelier, Orlando, "The 'Chicago Boys' in Chile: Economic Freedom's Awful Toll", *The Nation*, September 21, 2016.
· Liberto, Daniel, "Relativity Trap", *Investopia*, Oct. 15, 2019.
· Lucas, George, *Star Wars: Episode I – The Phantom Menace*, 1999.
· Lyons, Justin D., "Churchill and the Avoidable War by Richard M Langworth", *The Churchill Project*, December 2, 2015.
· Mahoney, M. S., "Ptolemaic Astronomy in the Middle Ages", https://www.princeton.edu/~hos/mike/texts/ptolemy/ptolemy.html, accessed October 2021.
· Maranzani, Barbara, "How U.S. Intelligence Misjudged the Growing Threat Behind 9/11", *History*, September 10, 2019.
· Martin, Jorge, "President Chavez Reaffirms Opposition to Capitalism", *In Defense of Marxism*, April 20, 2005.
· Maugh II, Thomas H., "Night Lights Linked to Babies' Nearsightedness", *The Los Angels Times*, May 13, 1999
· Minto, Barbara, *The Pyramid Principle: Logic in Writing and Thinking*, Minto International Inc., 1987
· Moesgaard, Simon, "Hindsight Bias: Why We View Events as More Predictable than They Really Are", *Reflected On the Mind*, September 13, 2013.
· Mondragon, Laura, "What is Hasty Generalization?", *The Writing Cooperative*, September 22, 2019.
· Mulgan, Geoff, *Big Mind: How Collective Intelligence Can Change Our World*, Princeton University Press, 2017.
· Murphy, James, "NASA Sees Climate Cooling Trend Thanks to Low Sun Activity", *The New American*, October 1, 2018.
· "Night-light May Lead to Nearsightedness", *CNN*, May 13, 1999.
· "Night Lights Linked to Vision Problem", *The Associated Press*, May 13, 1999.
· Ohio State University, "Night Lights Don't Lead to Nearsightedness, Study Suggests", *Science Daily*, March 9, 2000.

· Oliver, Scott, "A Brief History of Freud's Love Affair with Cocaine", *Vice*, June 23, 2017.
· Paley, William, *Natural Theology: or Evidences of the Existence and Attributes of the Deity, Collected from the Appearances of Nature*, 1802.
· Park Si-soo, "Anti-US Beef Actress Prevails in Court", *The Korea Times*, May 12, 2008.
· Park Si-soo, "MBC PD Notebook Regrets Incorrect Report on US Beef", *The Korea Times*, June 25, 2008.
· Parrett, Matt, "Beauty and the Feast: Examining the Effect of Beauty on Earnings Using Restaurant Tipping Data", *Journal of Economic Psychology*, Volume 49, August, 2015.
· Plato, "The Allegory of The Cave" in *The Republic*, VII, https://web.stanford.edu/class/ihum40/cave.pdf, (translated into English by Thomas Sheehan) accessed October 2021.
· Popper, Karl, *The Open Society and Its Enemies: Vol.1 The Age of Plato*, Routledge, 1945.
· "President Bush Addresses the Nation", *The Washington Post*, September 20, 2001.
· Quinn, Graham E. and et al., "Myopia and Ambient Lighting at Night", *Nature* 399, 1999.
· Ramstad, Evan and Yang, Julie, "South Korean Protests Over U.S. Beef Grow", *The Wall Street Journal*, May 12, 2008.
· Rattner, Nate, "Trump's Election Lies Were Among His Most Popular Tweets", *CNBC*, January 13, 2021.
· Rauhala, Emily, "Kim Jong Un Basks in His Grandfather's Glow", *The Time*, April 14, 2014.
· Ravenscraft, Eric, "Utilize the "Steel Man" Tactic to Argue More Effectively", *Lifehacker*, September 9, 2014.
· Rawls, John, *A Theory of Justice*, Harvard University Press, 1971,
· Reston, Maeve and Liptak, Kevin, "The Day America Realized How Dangerous Donald Trump Is", *CNN Politics*, January 9, 2021.
· Robinson, Piers, "Media as a Driving Force in International Politics: The CNN Effect and Related Debates", *E-International Relations*, September 17, 2013.
· Roylance, Frank D., "Nightlight for Sleeping Children May Lead to Myopia, Study Hints", *The Baltimore Sun*, May 13, 1994.
· Ryan, Bob, *Finance and Accounting for Business*, South Western Educational Publishing, 2008.
· Sagan, Carl, *The Demon-Haunted World: Science as a Candle in the Dark*, Ballantine Books, 1997.
· Said, Edward W., "The Clash of Ignorance", *The Nation*,

October. 4, 2001.

· Sandel, Michael, *Justice: What's the Right Thing to Do?*, Farrar, Straus and Giroux, 2010.

· Sandel, Michael, *What Money Can't Buy: The Moral Limits of Markets*, Farrar, Straus and Giroux, 2013.

· "September 11 Warning Signs Fast Facts", *CNN Editorial Research*, September 2, 2020.

· Shakespeare, William, *King Lear*, 1605-1606.

· Shakespeare, William, *The Tragedy of Hamlet* (or *Prince of Denmark*), 1599-1601.

· Shakespeare, William, *The Tragedy of Macbeth*, 1606

· Shakespeare, William, *The Tragedy of Othello* (or *The Moor of Venice*), 1603.

· Shiller, Robert J., *Irrational Exuberance*, Princeton University Press, 2016.

· Shiller, Robert J., "Speculative Asset Prices", *Prize Lecture*, December 8, 2013.

· Smith, Adam, *An Inquiry into the Nature and Causes of the Wealth of Nations*, originally published in 1776, Scotts Valley, CA: CreateSpace Independent Publishing Platform, 2016.

· Smith, Adam, *The Theory of Moral Sentiments*, originally published in 1759, Penguin Classics, 2010.

· Solomon, Michael R. and *et al.*, *Marketing: Real People Real Choices*, Pearson, 2012.

· Stiglitz, Joseph E., *Making Globalization Work*, W. W. Norton & Company, 2006.

· Strother, Jason, "Seoul Bans Anti-North Korea Leaflet Drops", *Voice of America News*, December 15, 2020.

· Surowiecki, James, *The Wisdom of Crowds*, Anchor, 2005.

· Taleb, Nassim Nicholas, *The Black Swan: The Impact of the Highly Improbable*, Random House, 2007.

· Thaler, Richard H. and Sunstein, Cass R., *Nudge: Improving Decisions about Health, Wealth, and Happiness*, New Haven, CT: Yale University Press, 2008.

· The National Commission on Terrorist Attacks, *The 9/11 Commission Report: Final Report of the National Commission on Terrorist Attacks Upon the United States*, W.W. Norton & Company, July 17, 2004.

· Thunberg, Greta, "Transcript: Speech at the UN Climate Action Summit", *NPR Environment*, September 23, 2009.

· Tindale, Christopher W., *Fallacies and Argument Appraisal*, Cambridge, England: Cambridge University Press, 2007.

· Trump, Donald J. [@realDonaldTrump] (November 27, 2017).

· Tucker, Lizzie, "Like Grandfather, Like Grandson: North Korea's Doppelganger Leaders-in Pictures", *The Guardian*, August 27, 2014.

· Tulshyan, Ruchika, "How to Reduce Personal Bias When Hiring", *Harvard Business Review*, June 28, 2019.

· Ullman, Harlan K. and Wade, James P., *Shock and Awe: Achieving Rapid Dominance*, National Defense University, 1996.

· "Vatican Science Panel Tod by Pope: Galileo Was Right", *Reuters*, November 1, 1992.

· "Venezuelan Refugee and Migrant Crisis", *UN Migration*, https://www.iom.int/venezuela-refugee-and-migrant-crisis, accessed October 2021.

· Vigen, Tyler, *Spurious Correlations*, Hachette Books, 2015.

· Weber, Max, *Politics as a Vocation*, 1919.

· "What's Your Blood Group?", The Answer Might Reveal Some Interesting Things About You", *The Times of India*, April 24, 2019.

· Wikipedia.

· Williams, Matt, "What Is the Heliocentric Model of the Universe?", *PHYS.ORG.*, January 5, 2016.

· "Winston Churchill Quotes", *Military History Matters*, November 20, 2010.

· Wrightstone, Gregory, *Inconvenient Facts: The Science that Al Gore Doesn't Want You to Know*, Silver Crown Productions, 2017.